Cultura da fé: elementos de comparação entre religiões

O selo DIALÓGICA da Editora InterSaberes faz referência às publicações que privilegiam uma linguagem na qual o autor dialoga com o leitor por meio de recursos textuais e visuais, o que torna o conteúdo muito mais dinâmico. São livros que criam um ambiente de interação com o leitor – seu universo cultural, social e de elaboração de conhecimentos –, possibilitando um real processo de interlocução para que a comunicação se efetive.

Eduardo Luiz de Medeiros

Cultura da fé: elementos de comparação entre religiões

 **EDITORA intersaberes**

Rua Clara Vendramin, 58 . Mossunguê
CEP 81200-170 . Curitiba . PR . Brasil
Fone: (41) 2106-4170
www.intersaberes.com
editora@editoraintersaberes.com.br

Conselho editorial
Dr. Ivo José Both (presidente)
Dr.ª Elena Godoy
Dr. Neri dos Santos
Dr. Ulf Gregor Baranow

Editora-chefe
Lindsay Azambuja

Gerente editorial
Ariadne Nunes Wenger

Preparação de originais
Julio Cesar Camillo Dias Filho

Edição de texto
Arte e Texto Edição e Revisão de Textos
Natasha Saboredo
Palavra do Editor

Capa
Charles L. da Silva (*design*)
Fotolia (imagem de fundo)

Projeto gráfico
Charles L. da Silva

Diagramação
Carolina Perazzoli

Equipe de *design*
Débora Gipiela
Iná Trigo

Iconografia
Sandra Lopis da Silveira
Regina Claudia Cruz Prestes

Dados Internacionais de Catalogação na Publicação (CIP)
(Câmara Brasileira do Livro, SP, Brasil)

Medeiros, Eduardo Luiz de
   Cultura da fé: elementos de comparação entre religiões/Eduardo Luiz de Medeiros. Curitiba: InterSaberes, 2020. (Série Conhecimentos em Teologia)

   Bibliografia.
   ISBN 978-65-5517-010-8

   1. Protestantismo 2. Religiões – Estudo comparado I. Título II. Série.

20-34085   CDD-230.044

Índices para catálogo sistemático:
1. Teologia protestante 230.044

Maria Alice Ferreira – Bibliotecária – CRB-8/7964

EDITORA AFILIADA

1ª edição, 2020.
Foi feito o depósito legal.

Informamos que é de inteira responsabilidade do autor a emissão de conceitos.

Nenhuma parte desta publicação poderá ser reproduzida por qualquer meio ou forma sem a prévia autorização da Editora InterSaberes.

A violação dos direitos autorais é crime estabelecido na Lei n. 9.610/1998 e punido pelo art. 184 do Código Penal.

sumário

7   *Apresentação*

capítulo um
11 **Cultura religiosa: como se manifesta a religiosidade**
12 1.1 O sagrado e o profano: definição inter-relacional
16 1.2. Por que comparar religiões? Uma necessidade compreensiva
20 1.3 Dimensões do sagrado: espaço e tempo em paralelo com o profano
21 1.4 Uma definição de cultura religiosa: critérios de análise

capítulo dois
35 **As grandes religiões monoteístas**
40 2.1 Judaísmo
64 2.2 Cristianismo
83 2.3 Islamismo

capítulo três
- 105 **Religiões do Oriente e religiões do Extremo Oriente**
- 106 3.1 Religiões do Oriente
- 133 3.2. Religiões do Extremo Oriente

capítulo quatro
- 157 **Religiões do Brasil (das crenças nativas aos sistemas religiosos mais recentes) e ecumenismo**
- 160 4.1 Religiões indígenas
- 167 4.2 Religiões afro-brasileiras e religiosidade contemporânea
- 187 4.3 Ecumenismo

- 201 *considerações finais*
- 203 *referências*
- 211 *bibliografia comentada*
- 213 *respostas*
- 215 *sobre o autor*

apresentação

A primeira questão que surgiu quando do início da redação do presente livro foi a seguinte: "Como analisar e discutir as mais diversas religiões com os leitores e, ao mesmo tempo, manter a imparcialidade científica?".

A resposta a essa pergunta, cujo desenvolvimento ocorreu durante a construção desta obra, não foi fácil, uma vez que tenho minhas próprias convicções religiosas e preciso escrever a respeito de outras vertentes, processo no qual automaticamente senti a tentação de cometer o pecado da parcialidade. Busquei me retirar desse debate a respeito da certeza absoluta a fim de, por meio da descrição isenta, permitir que o leitor, no decorrer de quatro capítulos, possa chegar às próprias conclusões.

No Capítulo 1, abordamos as questões teóricas que envolvem o estudo de religiões comparadas e ajudam a preparar o terreno para uma interpretação inter-relacional dos sistemas de crença mais importantes no mundo.

No Capítulo 2, passamos para o estudo comparado das grandes religiões monoteístas – dos chamados *povos do livro*, isto é, das religiões baseadas em livros sagrados. Iniciamos com uma análise introdutória do judaísmo e, em seguida, fazemos um exame do cristianismo e do islamismo. A estrutura de análise das religiões que aqui propomos, vale dizer, é, como você poderá constatar, similar para todas as grandes religiões. Ela é pautada pelo destaque aos principais pontos relativos às doutrinas de cada uma e aos fatores que as diferenciam. Com base nisso, você terá condições de ver como se estabelece o diálogo entre cada uma delas, o que lhe permitirá entender como se estabelece socialmente o praticante de cada religião e aquilo que este pensa do mundo, da eternidade e de seu papel na sociedade. Nossa análise no segundo capítulo busca, ainda, contemplar os mesmos pontos para que os mesmos temas estejam incluídos nos tópicos sobre cada uma das religiões analisadas.

No Capítulo 3, tratamos inicialmente das principais religiões do Oriente, mais precisamente do hinduísmo e do budismo, mostrando quais são as diferenças e as semelhanças entre ambas, uma vez que, como você verá, essas doutrinas conversam entre si em razão da história que as interliga. Abordamos também, de forma preambular, variadas religiões do Extremo Oriente.

No derradeiro capítulo, além de considerarmos as manifestações de religiosidade indígena, como a do santo-daime, tratamos das religiões afro-brasileiras e das expressões contemporâneas de culto, como a nova era e a astrologia.

Para fixar e ilustrar o que trabalhamos em cada tópico, há atividades complementares para resolver e outros recursos de aprendizagem que favoreçam a reflexão sobre o conteúdo.

Esperamos, assim, que você possa filtrar as diferenças entre as religiões e respeitar cada uma das crenças, já que, com base no conhecimento de todas elas, é possível compreender como as pessoas as entendem e o que estão buscando.

capítulo um

Cultura religiosa: como se manifesta a religiosidade

Para iniciar o estudo das manifestações das religiões, caminhar rumo ao entendimento de cultura religiosa e, por conseguinte, construir bases mais imparciais de análise comparativa entre as religiões, a primeira ideia a ser considerada é: não é possível entender o sagrado por meio da visão profana. É necessário, portanto, antes de avançar, definir os conceitos de *sagrado* e *profano* no contexto desta obra.

1.1 O sagrado e o profano: definição inter-relacional

Todos nós temos uma noção subjetiva a respeito do *sagrado*. No Brasil, em especial, é ainda mais compreensível que haja diversas definições para o termo, pois aqui compartilhamos de peculiar religiosidade, tema de que trataremos de maneira pormenorizada mais adiante. O que vale ressaltar é que cada ser humano traz um conceito de religiosidade dentro de si: povos indígenas em uma floresta tropical cultuam elementos da natureza; cristãos adoram a Deus em um templo; muçulmanos o fazem numa mesquita; e judeus, em uma sinagoga. Todos eles têm uma perspectiva a respeito do sagrado e da maneira pela qual essa perspectiva influencia a vida cotidiana. Com base nisso, então, como poderíamos definir o sagrado?

Essa não é uma tarefa simples, uma vez que o sagrado se encontra numa realidade "extraordinária", distinta da do cotidiano do ser humano. Nos grupos primitivos, não havia distinção entre sagrado e profano, na medida em que todas as atividades do dia a dia, como alimentação, sexo e trabalho, eram manifestações do sagrado para esses grupos. Após a organização das sociedades e das regras de convívio social, implementadas nas primeiras aglomerações entre grupos de seres humanos – naquilo que poderíamos chamar também de *cidades primitivas* –, foram estabelecidos ritos e regras sociais que distanciavam da vida comum a experiência do sagrado. Instaurava-se, portanto, a separação entre o sagrado e o profano.

Em uma primeira análise, utilizando a definição de Rudolf Otto (2007), podemos afirmar que o sagrado é a oposição ao **profano**. O senso comum, com relação a esse conceito, associa a ideia de profano ao pecado, isto é, àquilo que é contrário às práticas religiosas comuns. Esse é um pensamento bastante comum, como podemos observar na definição que o dicionário *on-line* Michaelis (2020, grifos nosso e do original) apresenta para a palavra *profano*:

adj

1 Avesso às coisas religiosas: É um indivíduo declaradamente profano.

2 Não pertencente ao meio sagrado: "– Meu caro professor – diz o pároco com a sua voz débil –, igreja sem latim, sem o velho ritual e com todas essas novidades... padre sem batina, música profana... não, não é mais a Igreja de Cristo" (EV).

3 Desrespeitoso no que respeito às crenças religiosas: Tem sempre uma atitude profana em relação àqueles que procuram o amparo de uma religião.

4 Não monástico; secular.

5 Que se revela mundano: Prefere a arte profana.

sm

1 Indivíduo alheio a crenças, seitas ou religião.

2 Quem não é iniciado em certos conhecimentos.

Para os limites deste livro, contudo, *profano* terá a conotação de "natural", ou seja, tudo aquilo que não faz parte da esfera sagrada: a vida cotidiana, o trabalho, as relações sociais etc. Não se trata, vale dizer, de um termo pejorativo; nós o utilizaremos apenas em boa referência à esfera das coisas naturais, distinguindo-a daquela que transcende nosso entendimento ou nossa capacidade de explicação, que integra a esfera do sagrado.

Segundo, Hall e Woodward (2008, p. 41),

> *O sagrado, aquilo que é "colocado à parte", é definido e marcado como diferente em relação ao profano. Na verdade, o sagrado está em oposição ao profano, excluindo-o inteiramente. As formas pelas quais a cultura estabelece fronteiras e distingue a diferença são cruciais para compreender as identidades. A diferença é aquilo que separa uma identidade da outra, estabelecendo distinções, frequentemente na forma de oposições [...].*

O sagrado, portanto, é o produto de uma experiência religiosa ou, se utilizarmos o conceito do romeno Mircea Eliade, uma hierofania – manifestação do sagrado. Para ele, uma hierofania é algo sagrado que é revelado na esfera profana (citado por Gaarder; Hellern; Notaker, 2005, p. 21)

Com base no conceito de **hierofania**, é possível entender o que se passa, por exemplo, pela cabeça de um adorador celta que cultua os elementos da natureza, como pedras e rios, e a maneira como acontece, na mente do fiel, a transposição de sua fé nas orações diante de imagens de esculturas (tanto de santos católicos quanto de deuses indianos). Nesse sentido, uma pedra, embora não deixe de ser uma pedra, já não é mais apenas pedra, uma vez que passa a ser algo que transcende o natural. Esta, nesse caso, recebe, mediante revelação religiosa, um novo significado associado à divindade.

O papel da dessacralização no Ocidente

Não é tarefa simples para os ocidentais do século XXI aceitar a ideia de algo que transcenda a pura e simples razão, pois vivemos em uma sociedade cada vez mais dessacralizada, na qual ideias de apropriação do sagrado já não são mais (ou muito) discutidas. O credo (ou rito religioso) é praticado, muitas vezes, sem que a origem da fé seja questionada por seus adeptos.

Ainda que o objetivo desta obra não seja aprofundar a questão da dessacralização do pensamento ocidental, é interessante ressaltar que esta teve início no século XVII com o Iluminismo, movimento que decretou a separação definitiva entre Igreja e Estado, o que, por sua vez, criou, de certa maneira, fronteiras entre o que é sagrado e o que é profano. Essa filosofia do racionalismo europeu acabou atingindo seu ápice durante o século XIX, quando teóricos decretaram a morte de Deus, na medida em que, por se tratar de assunto que fugia à razão, não poderia ser estudado com base em métodos tradicionais de pesquisa.

Lembremo-nos de que as teorias filosóficas apresentam estreita relação com o contexto histórico e sociológico no qual os pensadores/teóricos em questão estão inseridos. A "morte de Deus" surgiu no ambiente bastante conturbado da Revolução Francesa, que mudaria as bases da política tradicional, para encontrar, em seguida, o início da Revolução Industrial, atingindo o ápice após duas grandes guerras mundiais de proporções devastadoras para os países direta ou indiretamente envolvidos nos conflitos. Some-se a isso a profunda secularização da sociedade e começaremos a entender os extremos teóricos. Entre os "matadores" de Deus, podemos citar Laplace, Nietzsche, Marx e Strauss.

1.2. Por que comparar religiões? Uma necessidade compreensiva

Depois de, introdutoriamente, termos apresentado conceitos importantes e recorrentes no âmbito do estudo das religiões (*sagrado*, *profano*, *hierofania* e *dessacralização*), vamos explicar a seguir as razões que nos guiarão no desenvolvimento desta obra.

Considerar que todas as religiões, embora de maneira muito distinta, têm uma raiz comum significa dizer que elas entendem que o mundo funciona de acordo com a hierofania, ou seja, com a revelação de algo que transcende a realidade conhecida e entra no território do sagrado. Essa ideia auxilia no entendimento, de maneira mais humana, de todos os credos e religiões, na medida em que, por mais diferentes e discrepantes que possam parecer a princípio, todos compartilham o desejo de explicar como o mundo ao nosso redor funciona.

Outra razão que justifica a estruturação e a publicação deste livro é a disseminação de uma visão de **tolerância religiosa** (isto é, do respeito pelas pessoas que têm pontos de vista diferentes do nosso), de modo que esta corresponda a um conceito-chave no estudo das religiões. Como afirmam Gaarder, Hellern e Notaker (2005, p. 17, grifo do original) em sua obra *O livro das religiões*,

Tolerância, ou seja, respeito pelas pessoas que têm pontos de vista diferentes do nosso, é uma palavra-chave no estudo das religiões. Não significa necessariamente o desaparecimento das diferenças e das contradições, ou que não importa no que você acredita, se é que acredita em alguma coisa. Uma atitude tolerante pode perfeitamente coexistir com uma sólida fé e com a tentativa de converter os outros. Porém, a tolerância não é compatível com atitudes como zombar das opiniões alheias ou se utilizar da força e de ameaças. A tolerância não limita o direito de fazer propaganda, mas exige que esta seja feita com respeito pela opinião dos outros.

A intolerância é, normalmente, fruto da falta de conhecimento sobre determinado assunto. É bastante comum que filhos entrem em conflito de ideias com os pais e que um ser seja intolerante com outro em razão da falta de compreensão mútua dos universos envolvidos. Da mesma forma, a intolerância religiosa, que foi a maior causa de guerras e mortes na história da humanidade, é causada pela falta de conhecimento profundo das religiões divergentes.

Respeitar as escolhas religiosas dos demais é um dos requisitos para uma vida em sociedade satisfatória. É importante respeitar as liberdades individuais, as quais estão, aliás, garantidas no inciso VI do art. 5º da Constituição Federal Brasileira:

••
VI – é inviolável a liberdade de consciência e de crença, sendo assegurado o livre exercício dos cultos religiosos e garantida, na forma da lei, a proteção aos locais de culto e as suas liturgias. (Brasil, 1988)
••

É importante compreender que o mencionado artigo assegura o direito de todos de expressar a própria fé com liberdade. Os diferentes pontos de vista devem ser respeitados desde que as leis do país não sejam infringidas tanto pelos adeptos de qualquer religião quanto por aqueles que não praticam nenhum movimento de cunho religioso. A mídia ocidental, em grande parte, costuma apresentar os povos muçulmanos, por exemplo, como bárbaros, terroristas e intolerantes. Embora existam perseguições a cristãos por extremistas islâmicos, é importante frisar que estes não representam a maioria dos povos muçulmanos. Além disso, o povo entendido como a totalidade daqueles que praticam a fé islâmica não é o responsável pelos atos de grupos inseridos nesse contexto. Uma analogia possível seria dizer que, no Brasil, todos os cariocas são bandidos e traficantes, por causa das imagens que a TV nos mostra todos os dias, o que não corresponde, nem de perto, a uma verdade. Para comprovar que essa representação que temos ou fazemos dos muçulmanos não corresponde à realidade, veja a Figura 1.1, cuja ilustração data do século VIII, período da ocupação muçulmana na Península Ibérica. Nela você pode ver um cristão e um muçulmano que jogam xadrez juntos, tranquilamente – isso há aproximadamente 1.200 anos! Muitas vezes, portanto, somos levados a enxergar uma sociedade inteira pela ótica de minorias. Embora existam muitos problemas (como o terrorismo), os quais acompanhamos no noticiário, não podemos atribuí-los à totalidade das nações muçulmanas. Isso também se aplica a outros grupos religiosos, como os hindus na Índia, por exemplo.

Figura 1.1 – Cristão e muçulmano jogando xadrez – figura do século XIII

Com a leitura de todo este livro, esperamos que você passe a ter ainda mais convicção de sua fé, respeitando, *para isso* e *por isso*, as demais religiões. Além disso, nosso intuito é que você entenda como um fiel pensa, já que, quando alguém se converte a determinada religião, seja esta qual for, é preciso compreender como o neófito pensa e qual é a visão de mundo dele. Dessa forma, você poderá ajudá-lo durante a jornada dele em busca da verdade.

1.3 Dimensões do sagrado: espaço e tempo em paralelo com o profano

Para o homem religioso das sociedades tradicionais, o encontro com o sagrado o torna, de certa forma, participante desse mundo sacralizado. Isso acontece mediante **a teofania**, conceito que podemos entender como a manifestação da divindade em algum lugar, coisa ou pessoa. Essa palavra vem do termo grego *theopháneia* (ou *theophania*). É, portanto, uma revelação ou manifestação sensível da divindade em questão, entendida pelos cristãos protestantes como Deus; como anjo pelos esotéricos; como santo pelos católicos; como um de seus deuses pelos hindus; como Maomé pelos muçulmanos; como Buda pelos budistas, e assim por diante.

A teofania é uma revelação da divindade que indica, de alguma forma, qual espaço do mundo físico deve ser considerado sagrado, fenômeno com base no qual esse novo local passa a ser aquilo que Eliade (2001) chama de *ponto fixo*, ou seja, um ponto de ligação entre o céu e a terra ou as regiões inferiores. Nesse espaço sagrado, o acesso acontece nos dois sentidos: a divindade pode se comunicar com o fiel, assim como o fiel pode se comunicar com seu objeto de adoração.

Com base nisso, podemos explicar a importância do **templo religioso** para qualquer fiel que procure nele respostas e experiências com a divindade. Para um cristão, esse lugar é a igreja; para os judeus, a sinagoga; para o muçulmano, a mesquita; para os adeptos dos cultos de origem africana, os terreiros. Independentemente do credo, todos têm em comum a expressão da teofania quanto ao local sagrado. Entrar em uma igreja é, para o católico, passar do espaço profano para um novo espaço onde ele pode encontrar Deus e relembrar os elementos que fortalecem a própria fé mediante ritos, bem como preparar-se para retornar, com força renovada, ao espaço profano, no qual a vida cotidiana acontece.

Essa disposição para relembrar remonta a outro importante elemento dos estudos da religião: o tempo. O tempo religioso é um tempo reversível, na medida em que é possível voltar ao passado. De que maneira isso se manifesta? É por meio dos ritos que são repetidos nas reuniões que o passado se torna presente mais uma vez. É neles que os atos fundadores da visão religiosa são relembrados, seja mediante palavras do fundador da fé, lidas e explicadas pelo líder religioso, seja por meio de ritos cheios de significado, em razão dos quais o fiel se sente parte viva do início da fé que compartilha com outros que têm a mesma visão que ele.

1.4 Uma definição de cultura religiosa: critérios de análise

Com base em tudo o que se pode ter visto no campo das ciências da religião, é possível definir *religião*? Levando em consideração a perspectiva proposta nesta obra, buscaremos uma definição que possa ser utilizada como base de todos os fenômenos religiosos que vamos examinar nos próximos tópicos e capítulos.

Primeiramente, vejamos algumas definições de *religião* propostas por teóricos que se debruçaram sobre esse intrigante e complexo assunto, citados por Gaarder, Hellern e Notaker (2005, p. 17-18, grifo do original):

A religião é um sentimento ou uma sensação de absoluta dependência.
Friedrich Schleiermarcher (1768-1834)

Religião significa a relação entre o homem e o poder sobre-humano no qual ele acredita ou do qual se sente dependente. Essa relação se expressa em emoções especiais (confiança, medo), conceitos (crença) e ações (culto e ética).
C.P. Tiele (1830-1902)

A religião é a convicção de que existem poderes transcendentes, pessoais ou impessoais, que atuam no mundo, e se expressa por insight, pensamento, sentimento, intenção ou ação.
Helmuth Von Glasenapp (1891-1963)

Essas definições podem nos ajudar a perceber os desafios de buscar um conceito de religião que seja universal. O grande perigo dessa tentativa aglutinadora acontece quando, com base em um conceito único, comparamos as diferentes vertentes religiosas, considerando uma delas como a verdadeira e todas as demais como secundárias ou inferiores. Por muitos séculos, os governos determinaram uma só religião como aquela apoiada pelo Estado, ao passo que as demais sofreriam as penalidades (diretas ou indiretas) de não serem a prática "oficial" do país. No Brasil, a título de exemplo, o cristianismo católico já foi considerado a religião "oficial". Entre as consequências diretas dessa escolha está o tratamento distinto dado a religiões de outras matrizes, cujos reflexos podem ser percebidos até os dias atuais. Em nosso presente, ainda existem tensões religiosas, quase que em sua totalidade, associadas a governos de cunho ditatorial, como nos caso de Coreia do Norte, Irã, Iraque, Índia e China. Nestas e em outras nações, a expressão religiosa é aquela que o governo determina para a população.

Para entender as religiões como expressões culturais de determinada sociedade, não se podem estabelecer parâmetros que as qualifiquem. Em vez disso, é preciso levar em conta os ângulos pelos quais se pode analisar cada uma delas, sem julgar a fé das pessoas como inferior ou superior. Com base neles, é possível construir um olhar tolerante sobre as demais religiões sem que a visão religiosa pessoal do pesquisador seja abandonada ou deixada de lado. O cerne dessa questão é a necessidade de eliminar os preconceitos que, porventura, o pesquisador tenha em relação a alguma religião em especial, a fim de que possa respeitar aqueles que professam uma fé da qual ele não faça parte. O apóstolo Paulo afirma, por exemplo, que temos de oferecer a Deus um culto racional, ou seja, precisamos conhecer o que de nossa fé é diferente das demais crenças para estabelecermos um diálogo religioso: "Portanto, irmãos, rogo-lhes pelas misericórdias de Deus que se ofereçam em sacrifício vivo, santo e agradável a Deus; este é o culto racional de vocês" (Bíblia Romanos, 2000, 12: 1).

A abordagem baseada nesses "ângulos", encontrados e sistematizados em *O livro das religiões* (Gaarder; Hellern; Notaker, 2005) e *As grandes religiões: temas gerais comparados* (Scherer, 1995, 2005), será amplamente utilizada em nossas análises.

E quais seriam os quatro ângulos fundamentais de análise?

São, respectivamente, os seguintes: **conceito (crença)**, **cerimônia**, **organização** e **experiência**. Descreveremos todos eles nos tópicos a seguir.

1.4.1 Conceito (crença)

Cada ser humano tem uma consciência de mundo que lhe permite conferir um sentido à própria vida. Essa consciência está ligada a uma cultura religiosa, mesmo que o indivíduo em questão não pratique nenhuma religião especificamente. A sociedade atual recebe de gerações passadas influências que constroem todo o arcabouço teórico que dá um sentido de moral, de certo e errado, do que é lícito e do que é proibido. Esses conceitos surgem por meio das escrituras sagradas, dos ritos, das doutrinas ou dos mitos (Gaarder; Hellern; Notaker, 2005).

A esse respeito, no tocante à divindade, as religiões podem ser: **monoteístas** (crença em um só deus – com convicção de que não há outros); **monolatristas** (crença em um só deus sem negar a existência de outros); **politeístas** (crença em variados deuses, muitos dos quais, geralmente, têm funções específicas); **panteístas** (crença em um deus – ou força divina – diretamente conectado com todo o Universo e com nós mesmos); ou **animistas** (crença de que a natureza é habitada por espíritos). No que concerne à humanidade, todas as religiões procuram, de alguma forma, compreender e explicar a existência humana, atribuindo-lhe um sentido, seja com relação à criação do mundo e do próprio ser humano, seja com relação ao **significado da vida e da morte**, vinculando ou não essa existência a uma entidade superior e sobrenatural, como as divindades religiosas (Gaarder; Hellern; Notaker, 2005).

1.4.2 Cerimônia

Todas as religiões consideram a cerimônia como um importante elemento constitutivo. Reuniões que se repetem periodicamente apresentam um fluxo de funcionamento distinto, mediante uma série de ritos que formam um culto ou liturgia. A palavra *culto* vem do latim *colere*, que significa "cultivar". Normalmente é utilizada para indicar adoração à divindade, contudo, em ciências da religião, é um termo coletivo que designa todas as formas de rito religioso.

Podem ser considerados ritos: a oração, o sacrifício, a oferenda, sacrifícios de alimento, sacrifícios de expiação, ritos de passagem, nascimento e morte, ritos de puberdade (circuncisão) (Gaarder; Hellern; Notaker, 2005).

1.4.3 Organização

Um aspecto importante em todas as religiões é a fraternidade entre seus seguidores. Existe um vínculo que é gerado entre os fiéis que muitas vezes é o elo mais forte de uma nação inteira. Os judeus, por exemplo, passaram quase 2 mil anos espalhados pelo mundo após a conhecida diáspora por que passaram no ano 70 d.C. Durante séculos, embora gerações deles tenham nascido e morrido em países estrangeiros em todos os cantos do mundo, eles continuam a se considerar judeus. Ou seja, o elo que manteve a nação unida mesmo em países com crenças diferentes da sua foi a religião.

Grande parte das religiões é organizada por um corpo de funcionários próprio que desenvolve tarefas específicas relacionadas ao serviço do culto e ao atendimento dos fiéis. Pastores, padres, curandeiros desenvolvem atividades bastantes distintas uns dos outros, porém todos eles desfrutam de um *status* superior diante dos fiéis, para os quais são líderes. Essa liderança é demonstrada mediante aconselhamentos, explicação da maneira correta de viver, da ética peculiar de cada grupo. Algumas religiões apresentam uma hierarquia internacional, tendo um líder único para todo o mundo, como no caso do catolicismo; outras apresentam uma independência nacional, como no caso da igreja da Noruega; e outras, ainda, apresentam uma hierarquia em nível regional, sendo algumas denominações pentecostais um bom exemplo desse tipo de organização.

1.4.4 Experiência

O elemento intelectual (crença) não pode ser o único vinculado à religião, pois nesta se envolvem, com igual intensidade, as emoções do fiel, as quais são tão importantes quanto os pensamentos e a racionalidade do ser humano.

A experiência com o sagrado se manifesta pela música, pela dança e, em algumas religiões, por oferendas e pela utilização de elementos naturais alucinógenos que aproximam o fiel da divindade

De maneira nenhuma a experiência relacionada às emoções do fiel deve ser considerada inferior ou um elemento de fraqueza diante da manipulação dos líderes religiosos. Todos nós ficamos alegres ou tristes, vivemos períodos de tranquilidade e épocas de desespero em nossa vida. Essas emoções não são sinais de fraqueza. A experiência religiosa as conduz para o campo do sagrado com resultados muito satisfatórios no auxílio da melhora no emocional do fiel.

••
Exemplo prático

Segue o trecho de um texto cuja leitura lhe possibilitará articular e comparar os elementos de um caso real com os conceitos que temos trabalhado até aqui, de modo a entender como eles se manifestam na prática.

Sagrado e profano na religião e no carnaval

Vanderlei Dorneles

Dias antes do carnaval (do ano 2000), as Arquidioceses de São Paulo e do Rio entraram com ação na justiça a fim de garantir uma estranha proibição: que imagens religiosas não fossem usadas nos
••

••

carros alegóricos. Algumas escolas já tinham preparado imagens como a cruz, um painel com Nossa Senhora da Boa Esperança, e uma virgem Maria.

Do outro lado, o padre Marcelo Rossi faz a sua Folia do Senhor, uma celebração religiosa em ritmo de carnaval. O destaque é o ritmo, o corpo e a dança. Marcelo e outros padres denominados *pop* conquistaram a simpatia popular especialmente por suas movimentadas missas, onde a dança ou a "aeróbica do Senhor" são pontos altos.

Nos últimos tempos, a religião saiu dos domínios da Igreja. Está na empresa, na escola, na rua, mas especialmente nas manifestações culturais. São centenas de músicas com letras religiosas. O mercado editorial está cheio de livros do gênero. A presença de religiosos na TV é coisa comum. Por fim, o carnaval também tornou-se um espaço para a manifestação do espiritual.

Diante desse rompimento de fronteiras, a Igreja se vê obrigada a recorrer à lei para garantir a preservação de suas imagens.

Na disputa judicial para garantir o monopólio do "sagrado", cabe uma questão: por que os religiosos quiseram proibir os foliões de usar as imagens em meio à dança, se os próprios religiosos levaram primeiro a dança e o ritmo para dentro dos templos?

Discórdia à parte, esses fatos mostram como as distinções entre o sagrado e o profano estão sendo pressionadas, nessa era de expansão religiosa e de explosão da cultura *pop*.

[...]

O que está acontecendo, com a acomodação das igrejas cristãs à cultura secular, é uma perda gradativa dessas categorias. Com isso, as expressões culturais vão sendo aceitas pelos religiosos como ingredientes próprios para o culto. E no mundo secular as imagens religiosas vão conquistando espaço nas diversas expressões de arte, inclusive no carnaval.

••

> A mistura de sagrado e profano, no cristianismo, reduz a religião a uma mera manifestação cultural e simplifica Deus a um personagem do imaginário popular. No século 18 o filósofo Edmund Burke, em seu livro *Uma investigação filosófica sobre a origem de nossas ideias do sublime e do belo*, chamava a atenção para a perda da noção da sublimidade de Deus, na medida em que Deus era visto como uma ideia a ser apreendida. O mesmo ocorre quando a religião é reduzida a uma simples manifestação cultural.
>
> [...]
>
> Na relação com Deus amor e temor precisam estar juntos. Mas isso só é possível quando sagrado e profano permanecem separados.

Fonte: Silva, 2000, p. 38.

SILVA, VANDERLEI DORNELES DA. Sagrado e profano na religião e no carnaval. Revista Adventista, Tatuí: Casa Publicadora Brasileira, maio/2020. 38 p.

Síntese

Veja a seguir uma breve relação dos principais conceitos apresentados, todos os quais se constituem em elementos necessários à construção de uma cultura religiosa tolerante.

- Hierofania é a manifestação do sagrado no mundo profano, ou seja, uma árvore sagrada já não é apenas uma árvore, mas uma árvore revestida de um poder divino que a transforma em sagrada.
- Para que o homem religioso possa ter acesso ao objeto de seu culto, é preciso que existam espaços sagrados, que são diferentes dos demais espaços onde o ser humano vive. Esses espaços podem ser: uma igreja, uma mesquita, um terreiro ou uma sinagoga.

- Uma definição de *religião* única é bastante complexa na medida em que colocaria uma religião como a principal ou a verdadeira, enquanto todas as demais seriam falsas ou inferiores. Uma definição que seja baseada em conceitos em vez de parâmetros é mais adequada para a abordagem proposta.
- Os quatro fundamentos que podem ser identificados em todas as religiões são: conceito, cerimônia, organização e experiência.
- Das religiões de cunho monoteísta, o judaísmo é a mais antiga – tanto a doutrina cristã quanto a doutrina islâmica contam com elementos judaicos.

Atividades de autoavaliação

1. Assinale a alternativa que define corretamente *hierofania*:
   a) Manifestação do sagrado no mundo profano.
   b) Declaração de uma divindade em determinado ambiente.
   c) Livro sagrado de determinado grupo de fiéis.
   d) Relação entre líderes e fiéis de determinada reunião.
   e) Transformação do espaço profano em um espaço sagrado.

2. Os quatro fundamentos que podem ser identificados em todas as religiões são:
   a) conceito, cerimônia, ritual e experiência.
   b) conceito, ritual, experiência e sacralidade.
   c) conceito, cerimônia, organização e experiência.
   d) contextualização, cerimônia, organização e experiência.
   e) conceito, cerimônia, organização e experimentação.

3. Podemos classificar as diferentes religiões com base em diversos parâmetros, um dos quais tem relação com a divindade. Marque a alternativa que melhor define essa classificação:
   a) Monoteísmo: crença em um só deus, com a convicção de que não existem outros; monolatrismo: crença em um único deus, sem negar a existência de outros; politeísmo: culto a vários deuses; panteísmo: divindade conectada ao Universo e à própria humanidade; animismo: crença na existência de espíritos vinculados à natureza.
   b) Monoteísmo: crença em um só deus, com a convicção de que não existem outros; monolatrismo: crença em um único deus, sem negar a existência de outros; politeísmo: culto a vários deuses; panteísmo: crença em um panteão de deuses que interagem com a humanidade; animismo: crença na existência de espíritos vinculados à natureza.
   c) Monoteísmo: crença em um só deus, com a convicção de que não existem outros; monolatrismo: crença em um único deus, sem negar a existência de outros; politeísmo: culto a vários deuses; panteísmo: divindade conectada ao Universo e à própria humanidade; animismo: crença na existência de espíritos ancestrais vinculados a animais.
   d) Monoteísmo: crença em um só deus, com a convicção de que não existem outros; monolatrismo: crença em um único deus, sem negar a existência de outros; politeísmo: culto a vários deuses; panteísmo: crença em um panteão de deuses que interagem com a humanidade; animismo: crença na existência de espíritos ancestrais vinculados a animais.
   e) Monoteísmo: crença em um só deus, com a convicção de que não existem outros; monolatrismo: crença na existência de um único deus, com a possibilidade da ascensão de homens e mulheres que alcancem a iluminação – conceito vinculado

à ideia de idolatrismo, que depois foi flexibilizada para idolatria; politeísmo: culto a vários deuses; panteísmo: crença em um panteão de deuses que interagem com a humanidade; animismo: crença na existência de espíritos ancestrais vinculados a animais.

4. Assinale a alternativa que define corretamente *teofania*:
   a) Manifestação do sagrado no espaço profano.
   b) Revelação da divindade por meio dos escritos sagrados.
   c) Revelação do sagrado através do conhecimento ancestral.
   d) Revelação do sagrado na esfera pública.
   e) Revelação ou manifestação sensível da divindade em questão.

5. Com base no que você aprendeu no capítulo, assinale a alternativa que mais adequadamente responde à seguinte pergunta: É possível definir *religião*?
   a) Uma única definição de *religião* é bastante complexa, visto que isso colocaria uma religião como a principal ou a verdadeira, ao passo que todas as demais seriam falsas ou inferiores. Na verdade, uma definição que seja baseada em rituais em vez de preconceitos é mais adequada para a abordagem proposta.
   b) Uma definição de *religião* única é bastante complexa, visto que isso colocaria uma religião como a principal ou a verdadeira, ao passo que todas as demais seriam falsas ou inferiores. Na verdade, uma definição que seja baseada em conceitos em vez de parâmetros é mais adequada para a abordagem proposta.
   c) Existem diferentes definições de *religião*, pois todas as profissões de fé devem levar a uma mesma compreensão das diferentes divindades existentes em diferentes confissões. Nesse

sentido, uma definição que seja baseada em rituais em vez de preconceitos é mais adequada para a abordagem proposta.

d) Existem diferentes definições de *religião*, pois todas as profissões de fé têm uma origem eurocêntrica com base na qual todas as religiões são julgadas: a cultura ocidental. Nesse sentido, ao passo que algumas religiões de origem monoteísta são mais bem avaliadas, aquelas de cunho politeísta são consideradas arcaicas.

e) Existem várias definições de *religião*, mas todas elas podem ser resumidas a apenas uma: a religião é o processo pelo qual o indivíduo interage com a realidade ao seu redor, realizando uma leitura sobrenatural do ambiente de culto do qual participa.

Atividades de aprendizagem

Questões para reflexão

1. Neste capítulo, trabalhamos conceitos teóricos a respeito das religiões. Esses conceitos são fundamentais para uma compreensão satisfatória da história, dos dogmas, das doutrinas e do desenvolvimento de diversas religiões, como veremos adiante. Tudo isso tem como objetivo oferecer a você ferramentas para que seja possível considerar e analisar religiões diferentes daquela que você professa ou não. Tente, agora, realizar um exercício reflexivo, com base no qual você enxergue religiões distintas por meio de "lentes" próprias, mediante uma análise que seja a mais neutra possível, sem os preconceitos com os quais estamos acostumados a identificar quando o assunto é religião.

2. Como você lida em sua vida prática com a ideia de tolerância religiosa? Como você convive com aqueles que pensam e creem de maneira diferente de você?

Atividade aplicada: prática

1. Antes de continuarmos o estudo e a análise das diversas religiões existentes, vamos construir uma árvore religiosa de sua família. Converse com seus familiares vivos e pergunte-lhes a respeito da religião que praticam. Busque descobrir qual era a relação de seus antepassados próximos (pais, avós e bisavós) e descubra como sua família entende a questão religiosa nas últimas gerações. Considere também, para compor este exercício, seus tios maternos e paternos, primos e irmãos. Após assa construção, explique se a religião de sua família o influenciou, de alguma forma, na maneira de enxergar as religiões, em especial na escolha por aquela que você segue ou ainda na escolha em não seguir nenhuma delas.

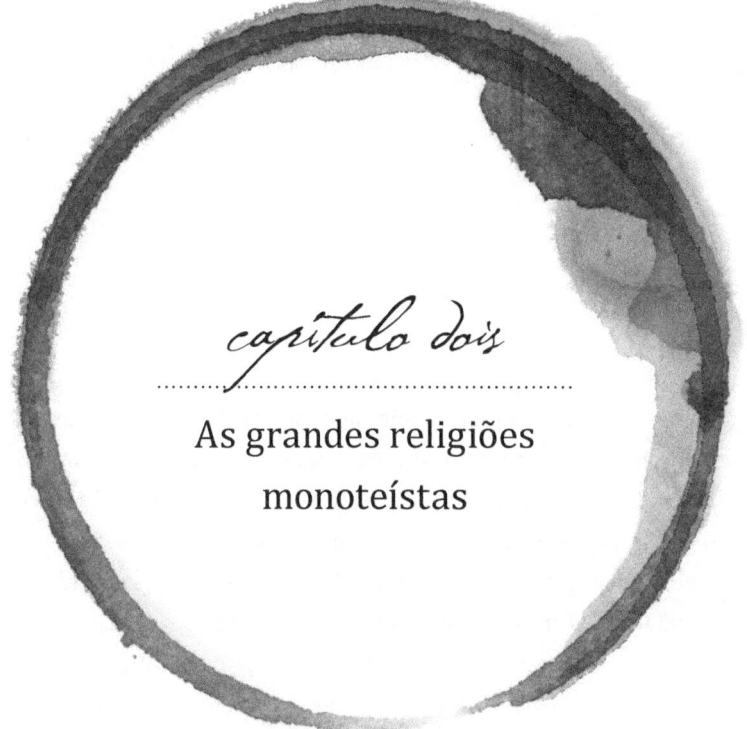

capítulo dois

As grandes religiões monoteístas

Após a abordagem teórica feita nos tópicos do capítulo anterior, cujos pontos servem de base para a interpretação do conteúdo trabalhado, passamos agora a analisar os chamados **povos do livro**, ou seja, os judeus, os cristãos e os muçulmanos, adeptos, respectivamente, das três grandes religiões monoteístas da humanidade: o judaísmo, o cristianismo e o islamismo. Embora o diálogo entre elas não seja muito fácil de se estabelecer, é importante destacar que carregam semelhanças, ainda que as fronteiras entre o que é e o que não é tolerável, em termos teológicos, estejam bastantes claras para cada uma delas. No primeiro tópico deste capítulo, trataremos do judaísmo e, nos próximos, das outras duas religiões "do livro".

Essas três religiões, que são monoteístas e têm origem no Oriente Médio, são chamadas de *abraâmicas*, em razão de Abraão ter sido o primeiro patriarca a realizar um pacto com o "único Deus". A região de influência dessas religiões foi, em primeiro lugar, o Mediterrâneo Oriental, onde o cristianismo e o islamismo acabaram tendo um crescimento muito mais expressivo que o judaísmo. Podemos afirmar, hoje, que:

- o cristianismo é a religião que deu origem aos códigos legais e morais do Ocidente mediterrâneo e futuramente do Novo Mundo[1];

---

1   O cristianismo nasceu à sombra do Império Romano nos primeiros séculos de existência deste. Após a assimilação imperial, quando se deixou a antiga religião do culto ao imperador e se adotou o cristianismo como religião oficial, os territórios com maior influência romana constituíram a base territorial cristã. Até o século XI, havia apenas um cristianismo, o que mudou após o chamado *Cisma do Oriente*, quando houve separação entre Igreja Romana e Igreja Ortodoxa. Uma das razões para o cristianismo ter sido bem-sucedido no Ocidente europeu tem relação direta com a fundação dos mosteiros que se tornaram a base de manutenção dessa cultura ocidental, tanto dos escritos clássicos dos pensadores gregos e romanos quanto dos pais da Igreja. Comunidades cresciam no entorno desses mosteiros, o que facilitou a formação da própria legislação citadina. Com a Idade Média, reinos se formaram com as premissas cristãs, que, ao mesmo tempo que deram ao rei um caráter divino, também limitaram o poder dele, atribuindo-lhe deveres e responsabilidades de justiça, caráter e outras virtudes bíblicas do bom cristão. Todo esse arcabouço teórico serviu como base para um código legal das nações europeias nos séculos que se seguiram. Em nosso presente, essa influência tem se relativizado por meio da secularização das sociedades ocidentais, embora já seja inegável a influência cristã na estruturação desse Ocidente. Para maiores informações, consulte Dawson (2016).

As grandes religiões monoteístas

- o islamismo se tornou uma força praticamente irrefreável no Oriente Médio, tendo se enraizado na cultura árabe, com conquistas importantes no norte do continente africano e em praticamente toda a Península Ibérica[2].

---

2   No século VI, a Península Arábica era uma região com diversos grupos que, juntos, somavam cerca de 5 milhões de pessoas. Havia grupos nômades e sedentários, a maioria de cunho politeísta, embora houvesse grupos de tradição judaica e outros cristãos, em grande parte comerciantes de passagem pela região de Meca. Nesse contexto, Maomé cresceu e começou a difundir a crença em um único deus chamado *Alá* e reuniu seus escritos em um livro chamado *Corão*. A oposição aumentou e forçou Maomé e seus seguidores a sair de Meca para a região de Medina. Esse evento marca o início do calendário islâmico. Os seguidores cresceram a ponto de permitir que Maomé pudesse retornar a Meca e expulsasse aqueles que eram contrários a ele. A religião monoteísta unificou uma região de muita influência e transformou a Península Arábica em uma grande força de conquista política e de disseminação de conhecimento. O avanço muçulmano chegou até a quase totalidade da Península Ibérica. As conquistas eram intermitentes por causa das constantes crises internas que ocorriam em razão da sucessão da liderança, que era, ao mesmo tempo, religiosa e política. Havia dois grandes grupos que acreditavam na sucessão de maneira distinta: os xiitas, que consideravam que apenas os descendentes de Maomé deveriam ocupar a liderança e o governo dos árabes e os sunitas, que consideravam que o sucessor deveria ser escolhido por habilidades, daqueles que vieram da tribo do profeta, ou seja, que não precisavam ter, portanto, relação consanguínea com a família de Maomé. Essa é a base de duas visões do mundo islâmico que geraram muitos conflitos nos séculos que se sucederam até os dias de hoje, em uma complexa e fascinante geopolítica que caracteriza da região. Para mais informações a esse respeito, consulte Jomier (2001) Schirrmacher (2017).

- o judaísmo continuou praticamente estagnado (parou de crescer[3]).

Na ordem cronológica, do antigo para o mais recente, faremos uma abordagem individual de cada uma das religiões, iniciando, como mencionamos, pelo judaísmo, passando pelo cristianismo e concluindo com o islamismo. O termo utilizado, *povos do livro*, faz uma referência direta à utilização de livros que são considerados sagrados por cada uma das religiões monoteístas: para os judeus é a Torá; para os cristãos, a Bíblia; para os muçulmanos, o Alcorão.

---

3   O judaísmo é uma religião que tem como base de fundação os escritos da *Torá* (**Pentateuco** para os cristãos). Nos escritos sagrados, Deus escolheu o povo de Israel com base em Seu amor pelos patriarcas. Com eles e seus respectivos descendentes, formou um povo para Si: o povo de Israel, que, em comparação com as demais civilizações antigas, era o menos numeroso e não tinha a mesma condição tecnológica e de bens que seus oponentes. Nesse sentido, Israel sempre foi numericamente inferior aos demais povos com os quais manteve relações ao longo da história. Dito isso, as razões para que o número de judeus no mundo não cresça são basicamente duas: i) tem havido sistemática perseguição ao povo judeu ao longo da história – seja nas Cruzadas, seja nos massacres nazistas, seja nos saques às judiarias, os judeus sempre foram perseguidos, fato que diminuiu em muito a capacidade de crescimento desse grupo; ii) outro motivo para que em 2019 existam apenas 13 milhões de judeus no mundo todo contra 2,2 bilhões de cristãos e 1,2 bilhão de muçulmanos está na base doutrinária do judaísmo – não existe a intenção de converter alguém ao judaísmo. O crescimento da religião acontece em grande medida mediante casamentos entre os membros da própria comunidade judaica, que hoje concentra cerca de 80% da totalidade deles nos Estados Unidos e em Israel. Para mais informações, consulte Blech (2004).

2.1 Judaísmo

Uma das principais características do primeiro "povo do livro", o judeu, e, consequentemente, do judaísmo é a íntima ligação que têm com a história. Toda a fé judaica está enraizada na crença em um pacto, ou melhor, em uma aliança especial feita por Deus com um homem chamado Abraão, cujos descendentes dariam origem ao povo judeu. Embora o relato do Antigo Testamento tenha início com a narrativa da história de Adão e Eva e, portanto, da origem da raça humana por meio da criação divina, é com Abraão que a ideia de um povo especial, separado por Deus como Seu, aparece pela primeira vez.

2.1.1 História

A trajetória do povo judeu teve origem por volta de 3.800 anos atrás, na figura, como dito, de Abraão, que partiu da terra de Ur, na Caldeia, obedecendo a uma orientação divina de que deveria sair de sua terra e migrar para a terra de Canaã. As ruínas de Ur encontram-se hoje no sul do Iraque, e Abraão rumou para próximo das margens orientais do Mediterrâneo. Sua linhagem ficou, então, conhecida como o patriarcado antigo de Israel, e a expressão *Deus de Abraão, de Isaque*[4] *e Jacó*[5] aparece na Bíblia por 25 vezes,

---

4   Filho de Abraão.
5   Neto de Abraão.

atribuindo um sentido duplo aos textos[6]. Trata-se de um Deus pessoal, YHWH[7], mas também daquele que atua nas gerações. O fato de o nome divino estar associado (pela tradição e pelos escritos sagrados) a três homens – Abraão, Isaque e Jacó – apresenta uma novidade teológica[8] em comparação às demais religiões (todas politeístas) do Oriente Próximo.

A Torá foi a fonte escrita para a trajetória desses três personagens, base para a formação religião judaica. Abraão é um personagem importante, ao mesmo tempo, para judeus, para cristãos e para muçulmanos. No contexto judaico, em específico, ele recebeu uma promessa da parte de Deus graças à sua fé ao ouvir e obedecer à Sua voz:

---

6   Ao mesmo tempo que YHWH é um Deus pessoal, que trata de maneira individual com Abraão, com Isaque, com Jacó e com os líderes das tribos de Israel, Ele também é um Deus geracional, que atua para cumprir um projeto para o povo de Israel. Nesse sentido, cada geração contribuiu para o cumprimento das promessas e profecias entregues pelos profetas de Israel ao longo dos textos sagrados dos judeus.

7   O nome de Deus, na tradição judaica, é composto pelo tetragrama *YHWH*, cujo significado ainda hoje é fruto de muita controvérsia entre estudiosos judeus. Na maioria das traduções do Pentateuco, o tetragrama atribui o conceito de existência de Deus mediante variantes como "Eu Sou o que Sou" e "Eu sou Aquele que é". De maneira comum, o termo é traduzido como *Senhor* nas versões em português da Bíblia. A transliteração do tetragrama mais conhecida é *Yahweh* (outras transliterações conhecidas são *Javé* e *Jeová*).

8   A novidade de um Deus poderoso preocupar-se com indivíduos – isso é inédito.

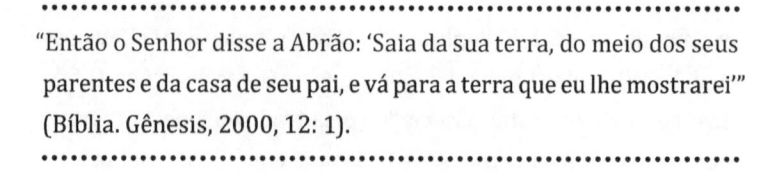

"Então o Senhor disse a Abrão: 'Saia da sua terra, do meio dos seus parentes e da casa de seu pai, e vá para a terra que eu lhe mostrarei'" (Bíblia. Gênesis, 2000, 12: 1).

Em razão dessa postura, ele recebeu uma promessa que transcenderia a própria geração e traria impacto para aqueles que viessem depois.

"Levando-o para fora da tenda, disse-lhe: 'Olhe para o céu e conte as estrelas, se é que pode contá-las'. E prosseguiu: 'Assim será a sua descendência'" (Bíblia. Gênesis, 2000, 15:5).

Essa foi a base para a gênese de Israel como nação. Abraão teve, então, dois filhos, Ismael e Isaque (este era o filho da promessa). Isaque gerou os gêmeos Esaú e Jacó (este receberia a primogenitura). O povo hebreu ganhou um novo nome por intermédio do neto de Abraão, Jacó, que, após uma dramática luta com um anjo de Deus, teve seu nome mudado para *Israel*. São os 12 filhos de Israel que dão origem às doze tribos.

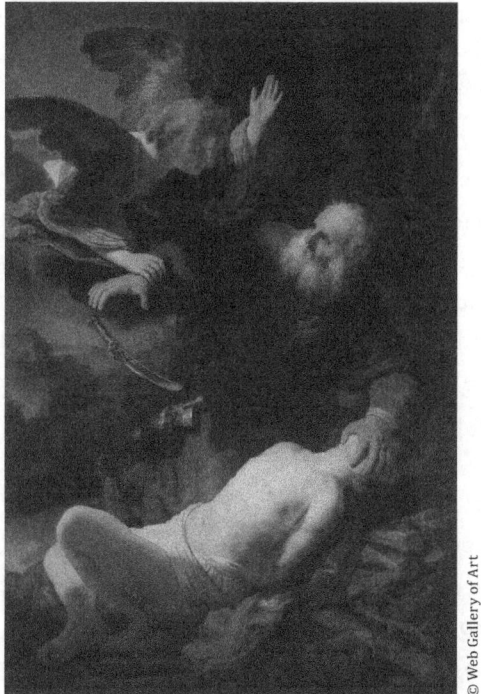

Figura 2.1 – Pintura de Rembrandt que retrata o sacrifício de Isaque

REMBRANDT Harmenszoon van Rijn. **The Angel Stopping Abraham from Sacrificing Isaac**, 1635. Oil on canvas, 193 × 132 cm. The Hermitage, St. Petersburg.

Depois de um período extremo de fome em Canaã, o povo migrou rumo ao Egito, onde desfrutaria de bênçãos em virtude do fato de José, um dos filhos de Jacó, ser o vice-rei da sociedade egípcia. Após muito tempo, os egípcios escravizariam os hebreus por 400 anos, até o surgimento da figura de Moisés, o libertador, função essa instituída por Deus. Com o chamado *Êxodo*, os israelitas saíram do Egito e passaram a viver errantes pelo deserto, sob a liderança de Moisés, durante aproximadamente 40 anos. Foi nesse momento que o povo recebeu a chamada *Lei do Senhor*, ou as Tábuas da Lei, mandamentos de conduta moral e espiritual dados por Deus para Seu povo. Sempre que obedecessem a essas leis, os israelitas receberiam o apoio e o favor divino; quando as rejeitassem, seriam repreendidos para que voltassem seus caminhos para Deus.

Neste breve resumo da trajetória inicial do povo hebreu tal como descrita no começo do Antigo Testamento, estamos elencando apenas os conteúdos essenciais para definir a maneira como a identidade hebraica foi instituída num primeiro momento, de acordo com os relatos bíblicos. O Antigo Testamento é um excelente documento para entender a mentalidade judaica, além dos livros de história de Israel, que podem auxiliar no entendimento do contexto em que os livros e os eventos neles descritos ocorreram.

Política

O povo hebreu entrou nos territórios de Canaã – chamados de *Terra Prometida* pelo autor[9] dos cinco primeiros livros conhecidos como *Pentateuco* ou os *Livros da Lei* – entre 1440 e 1200 a.C., a depender da datação adotada para o cálculo. Estavam sob a liderança de Josué, sucessor de Moisés, e depois sob a liderança dos chamados *Juízes*, dirigidos por uma teocracia segundo a qual era o próprio Deus quem os governava por intermédio dos líderes instituídos divinamente. Após esse período, os israelitas entraram no período monárquico, durante o qual, à semelhança dos povos circunvizinhos, um rei deveria governar o povo.

---

9   A tradição conservadora atribui a Moisés a autoria do Pentateuco/Torá. A partir do século XVII, o advento do racionalismo começou a negar a autoria sobrenatural da Bíblia, razão pela qual os autores se transformam em meros compiladores de escritos existentes em seu presente. É possível citar as teorias documentária, fragmentária e suplementar com relação a esse elemento. Hoje, o embate acadêmico entre conservadores e liberais é bastante acentuado, em especial nos estudos do Antigo Testamento.

Figura 2.2 – Visão do Templo de Salomão em Jerusalém – pintura de Philippe de Champaigne

CHAMPAIGNE, P. de. *View of Jerusalem with the Temple of Solomon.* 17th century. Drawing: 33,1 × 60,3 cm. Metropolitan Museum of Art, New York.

O Reino Unido de Israel durou aproximadamente 120 anos sob os governos de Saul, Davi e Salomão, o último dos quais foi o responsável pela construção do famoso Primeiro Templo de Jerusalém (Figura 2.2), símbolo máximo do judaísmo até os dias de hoje, embora só tenha restado da construção original uma das paredes, conhecida hoje como o *Muro das Lamentações*.

A divisão do reinado: influências culturais

Após a morte de Salomão, o reino se dividiu em dois: o Reino de Israel, ao norte, e o Reino de Judá, ao sul, com distintas dinastias. Foi nesse período que surgiram os chamados *profetas*, homens que recebiam a missão de transmitir a palavra de Deus, advertindo todos de que o juízo divino recairia sobre toda a população caso continuassem a seguir o mesmo caminho dos povos de seu entorno.

Entre as práticas consideradas abomináveis pelos profetas que falavam em nome do próprio Deus estava a prática pagã conhecida como *idolatria*. Ela tem origem nas palavras gregas *eidolon* (imagem) e *latreia* (culto). Essa prática, muito comum no mundo antigo, consistia na fabricação de ídolos ou imagens dos deuses para que se prestasse culto à divindade neles representada. No caso específico de Israel, o povo cananeu adorava de maneira especial, entre vários outros, quatro deuses: Baal, Moloque, Astarote e Mamom. Os rituais destinados a esses deuses englobavam sacrifícios de crianças e orgias rituais com sacerdotes e sacerdotisas que praticavam prostituição nos templos. Nesse sentido, é compreensível perceber as inúmeras restrições e proibições contidas na Bíblia destinadas a orientar o povo de Israel a não seguir aqueles deuses.

O Reino do Norte (Israel) foi devastado pelo povo assírio por volta de 722 a.C. A partir dessa data, esse reino deixou de ter importância política e religiosa para o contexto geral de Israel. Isso se deu, principalmente, pela maneira como os assírios atacavam as cidades e exilavam os povos. Uma parte da população conquistada era levada cativa até a Assíria, em especial os soldados, a nobreza e os intelectuais. Ao mesmo tempo, assírios eram mandados até as cidades para implantar a própria cultura nos reinos conquistados. O Reino do Norte, portanto, sofreu o processo ao qual chamamos de *aculturação*, formando depois – dando-lhe origem – a sociedade sincrética da Samaria (Medeiros, 2017).

Fique atento!

Aculturação é o processo segundo o qual existe a troca de experiências culturais entre dois ou mais povos. Esse conceito, até pouco tempo atrás, era utilizado para explicar como culturas inteiras desapareciam após o contato com outra dita "superior". Isso, porém, tem sido revisto por antropólogos e sociólogos, na medida em que a troca de cultura é recíproca. A resultante desse contato é uma terceira cultura, que une elementos de cada um dos povos originais. No caso do Reino do Norte, a equação seria: Israel + Assíria = Samaria.

O Reino do Sul (Judá) foi conquistado pela Babilônia por volta de 587 a.C., contudo, em 539 a.C., permitiu-se que os que assim desejassem retornassem a Judá. Esse intervalo de quase 50 anos foi um período muito importante para o povo de Israel por diversas razões: em virtude do retorno à Babilônia, o termo *judeu* passou a ser utilizado para designar cada um dos remanescentes do exílio; foi durante o exílio na Babilônia que passou a ser grande a preocupação em registrar os acontecimentos por que passavam e fabricar cópias dos livros da Torá (ou Pentateuco), razão pela qual os livros das Crônicas dos Reis de Israel e Judá surgiram; cópias desses livros foram feitas e preservadas com o objetivo principal de guardar a tradição de Israel para as gerações futuras. Veremos, no próximo tópico, como isso ocorreu.

2.1.2 Doutrina

A vida na Babilônia trouxe a figura da sinagoga para o contexto do culto religioso dos judeus. Uma vez que estavam em uma terra estranha, sob forte influência do sistema politeísta babilônio, os líderes judeus começaram a reunir o povo para ensinar e ler os escritos sagrados. Desde então, com a destruição do Primeiro Templo pelos babilônios e com a impossibilidade de o povo no cativeiro estar fisicamente em Jerusalém, esse local físico não era mais indispensável para a realização das reuniões, ainda que ele mantivesse importância considerável para a identidade judaica. Após o retorno dos remanescentes a Judá[10], os judeus foram repetidamente perseguidos e dominados por povos estrangeiros, o que culminou com a ocupação romana que sufocou em definitivo as tentativas dos revoltosos judeus de recuperar o controle e o domínio sobre a Palestina[11]. O ponto alto dessa derrota final dos judeus perante os romanos foi a destruição do Segundo Templo de Jerusalém, no ano 70 d.C., pelo general romano Tito[12].

Diáspora judaica e criação de tradições

Com essa derrota, os judeus foram espalhados por todo o mundo no movimento conhecido como *diáspora judaica*. Em todos os países por onde estiveram desde então, os judeus têm se reunido em sinagogas para orar, ler e aprender a Torá, além de respeitar as festas e os preceitos éticos ensinados na Mitzvá e no Talmude[13]. O termo *diáspora* deriva do hebraico *tefutzah* ("dispersado") e faz referência à dispersão dos judeus após a destruição do Segundo Templo e à morte de inúmeros judeus na batalha de resistência contra os romanos.

....

10 Após o cativeiro, os remanescentes retornaram e reconstruíram um templo mais modesto que o original.
11 A Palestina, no século I, era uma área de aproximadamente 20.000 km², tendo 240 km de comprimento e 48 km de largura. Naquele período, as principais regiões independentes dessa região eram a Judeia, a Galileia e a Samaria, além de outras regiões menores, como Traconídite, Decápole, Pereia e Idumeia.
12 Desde então, tudo o que resta disponível que remonte a esse lugar sagrado é o chamado *Muro das Lamentações*, em Jerusalém.
13 Segundo a tradição judaica, Deus dera a Moisés 613 mandamentos. Esses escritos rabínicos trazem elementos que regem a conduta moral e espiritual do fiel ao longo de sua jornada. O Talmude, por sua vez, é a coletânea das discussões rabínicas a respeito dos mais variados assuntos, tendo surgido da necessidade de complementar a Torá, auxiliando, assim, na compreensão e na aplicabilidade desse livro.

Os judeus eram protegidos por Deus em sua cosmovisão. Nesse sentido, o exílio e a destruição do Primeiro Templo encontram justificativas na desobediência do povo às leis estabelecidas na Torá, de maneira específica na prática da idolatria, amplamente condenada no Antigo Testamento. A destruição do Segundo Templo pelos romanos, conforme a tradição, é atribuída à falta de caridade e ao respeito vazio pelas leis sem a contrapartida da consideração e do auxílio ao próximo.

Os judeus acreditam que o Terceiro Templo será reconstruído pelo Messias numa época em que todos os judeus voltarão a se importar uns com os outros mediante o amor incondicional.

Numa sinagoga, não existem imagens nem objetos no altar, pois estes são estritamente proibidos pela Lei de Moisés. O ponto central de uma sinagoga é a chamada *arca*, um armário que fica na parede oriental, na direção de Jerusalém, onde são guardados os rolos da Torá, todos escritos em formato de pergaminhos. A principal reunião judaica acontece no sábado, na qual há uma grande cerimônia repleta de siginificados em torno da leitura do livro sagrado. Acontecem reuniões também durante a semana, com o objetivo de que, ao término do ano, todo o cânone tenha sido lido em público. A esse respeito, Medeiros (2016a, p. 22) salienta:

> *Além da Torá, são lidos salmos, orações e bênçãos, contidos num livro especial chamado Sidur. Os cânticos podem ser efetuados por um membro do sexo masculino adulto leigo, porém o sermão e o ensino da Lei devem ser feitos por um rabino. Todo o serviço na sinagoga é desempenhado por homens adultos, enquanto as mulheres desempenham um papel fundamental no culto familiar, que é tão importante quanto a reunião pública, em especial o chamado Shabat.*

Figura 2.3 – Entrada da antiga Sinagoga Francisco Frischmann, em Curitiba (PR)

Davi Ivanowski (Curitiba – 2008)

O sabá (ou *shabat*, ou *shabbat*) se inicia com o pôr do sol de sexta-feira e dura até o pôr do sol de sábado. Todas as refeições desse dia têm profundos significados religiosos e são responsáveis pela manutenção dos costumes e pela transmissão destes de geração em geração.

Os judeus aguardam a vinda de um Messias que restaurará o trono de Davi e devolverá a glória ao povo de Israel. Esse Messias deve reconstruir o Grande Templo de Jerusalém, momento após o qual haverá um tempo de grande alegria e paz na terra para os judeus.

As três linhas doutrinárias judaicas

O judaísmo apresenta basicamente três linhas ou correntes doutrinárias, todas as quais se fundamentam na interpretação dos livros e ritos considerados sagrados por seus adeptos. Essa divisão didática é a seguinte: judaísmo ortodoxo, judaísmo reformista e judaísmo conservador. Embora existam outras subdivisões, elas não são aceitas pela comunidade judaica e serão citadas apenas a título de conhecimento.

Essas correntes se originam como tentativa de adaptar o discurso religioso e teológico da tradição judaica para o contexto das sociedades modernas. Os ortodoxos são os mais rígidos em relação ao cumprimento das leis e dos preceitos propostos; os reformistas representam o grupo com tendência mais liberal; e os conservadores, por sua vez, buscam um meio-termo e um tom conciliador entre os dois primeiros grupos.

Judaísmo ortodoxo

Os judeus ortodoxos são aqueles que buscam cumprir de maneira cabal todos os preceitos da lei judaica, conhecida como *Halachá*. Esse documento é composto por 613 preceitos, os quais têm relação com a vida cotidiana e os hábitos do fiel, como a dieta *kosher*[14]. Entre outros hábitos presentes na *Halachá* estão o descanso sabático e as leis de pureza familiar.

Os judeus ortodoxos apresentam algumas peculiaridades em seu cotidiano, como a adoção de roupas simples e a separação entre as atividades de homens e mulheres no contexto das práticas públicas da religiosidade judaica.

Vestimentas e costumes

Além do terno característico, existem roupas ritualísticas bastante interessantes se analisarmos seu significado para os fiéis: *o quipá*, o *peiot*, o *talit*, a *tzitzit* e o *tefilin*.

---

14   Essa dieta é caracterizada pela exclusão de alguns itens e ingredientes que não podem fazer parte da alimentação dos judeus ortodoxos.

Figura 2.4 – Grupo de judeus ortodoxos

É importante salientar que o uso desses elementos é meramente ritualístico, em respeito à tradição, uma vez que não servem como uma espécie de amuleto ou algo do gênero.

- **Quipá** (ou solidéu): Representa a superioridade de Deus em relação à Sua criação, isto é, indica que Ele sempre nos observa. Por essa razão, acompanha o judeu em todos os lugares.

Figura 2.5 – Quipá

- **Peiot**: Significa "costeleta" em hebraico. A definição prática do termo consta em:

  •••
  "Não cortareis a extremidade da vossa cabeleira em redondo e não danificarás a extremidade da tua barba" (Bíblia. Levítico, 2018, 19:27).
  •••

  O corte dessa parte do cabelo é considerado por alguns uma prática pagã, pertencente aos de fora da comunidade judaica. Alguns religiosos deixam essa parte do cabelo crescer de maneira permanente para mostrar devoção aos preceitos do Pentateuco.

Figura 2.6 – Representação de um judeu ortodoxo com o *peiot* na lateral do cabelo

GoodStudio/Shutterstock

- ***Talit***: Trata-se do manto/xale utilizado nas orações matinais na sinagoga e tem a função de gerar isonomia[15] entre os participantes do culto. A questão da vestimenta implícita no *talit* denota o desejo de colocar todos os praticantes em um mesmo patamar. Durante as práticas religiosas, portanto, todos seriam iguais.

Figura 2.7 – Judeus vestidos com o *talit*

Maria Burshtein/Shutterstock

- ***Tzitzit***: São as franjas trançadas adicionadas ao *talit*. Mais precisamente, são quatro cordões que são fixados em cada uma das quatro pontas do mencionado manto, que é quadrado. O texto-base para seu uso se encontra em:

"Fala aos filhos de Israel: tu lhes dirás, para as suas gerações, que façam borlas nas pontas das suas vestes e ponham um fio de púrpura violeta na borla da ponta" (Bíblia. Números, 2018, 15:38).

---

15 A isonomia é entendida como a igualdade de direitos e deveres em diferentes elementos dessa sociedade.

Figura 2.8 – *Tzitzit*

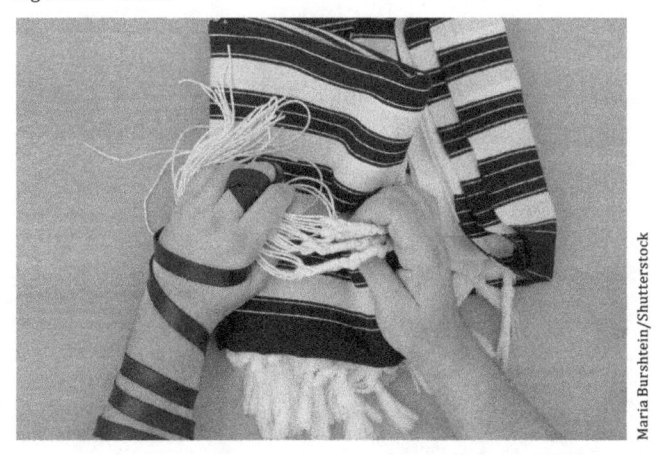

Maria Burshtein/Shutterstock

- **Tefilin**: Segundo Medeiros (2016a, p. 27), corresponde a "duas pequenas caixas em couro que contêm trechos da Torá. São amarradas uma ao braço e outra na testa de todos os homens maiores de 13 anos todos os dias, exceto sábados. Indica a adesão do indivíduo aos valores judaicos". Seu uso está descrito em Deuteronômio:

> Que estas palavras que hoje te ordeno estejam em teu coração! Tu as inculcarás aos teus filhos, e delas falarás sentado em tua casa e andando em teu caminho, deitado e de pé. Tu as atarás também à tua mão como um sinal, e serão como um frontal entre os teus olhos" (Bíblia. Deuteronômio, 2018, 6:6-8)

Figura 2.9 – *Tefilin*

Essa explanação a respeito da vestimenta ritual dos judeus ortodoxos, além da descrição dos textos que legitimam esses paramentos na Torá, é importante para que você possa entender como eles interpretam literalmente a mensagem religiosa, em todos os aspectos, compondo, assim, uma linha teológica bastante rígida para ser seguida. Para os ortodoxos, a Torá é um texto revelado por Deus e, por essa razão, não pode ser alterada em nenhum ponto, devendo permanecer intacta mediante manutenção bastante rígida das tradições.

Os ortodoxos procuram manter uma unidade interna, alheia a seu entorno. Formam comunidades em locais específicos, e suas crianças recebem educação distinta daquela que o sistema educacional oferece, com o intuito de que elas aprendam desde cedo sobre a ortodoxia religiosa. Por fim, não querem que os princípios que seguem sejam alterados ou modificados a fim de "serem mais bem aceitos" pela comunidade não ortodoxa.

Conversão

Como o Brasil tem uma tradição religiosa cristã, é comum a ideia de evangelismo, segundo a qual se procura trazer pessoas para a própria fé e na qual a conversão ocorre de forma bastante simples, uma vez que não demanda muito esforço por parte daquele que ingressa na religião e, portanto, inicia um processo de conhecimento e amadurecimento da fé que acabou de abraçar.

No judaísmo, esse processo é mais complicado e demorado, pois o candidato a se tornar um judeu precisa passar um ano ou mais estudando os fundamentos do judaísmo, além de ter de escolher qual das três linhas vai seguir. Caso procure a linha ortodoxa, por exemplo, terá de passar por um teste e ser circuncidado, que é a retirada cirúrgica do prepúcio, pele que recobre o pênis para fins higiênicos ou religiosos.

Judaísmo reformista

A ruptura no judaísmo ortodoxo moderno teria ocorrido, em grande medida, por causa da rigidez das práticas e de seu afastamento do mundo moderno. Teve início no século XIX na Alemanha, após críticas de reformistas que contestaram a Torá e, de maneira especial, a interpretação que deveria ser feita do livro, a qual poderia mudar de acordo com as transformações na sociedade. Esses reformistas propuseram uma adaptação do judaísmo às novas realidades sociais, como renunciar à rigidez na dieta alimentar, ao descanso sabático e a outros itens das práticas rituais.

É fundamental entender que essas mudanças no discurso judaico têm o objetivo de manter a relevância da religião na sociedade contemporânea. A interpretação literal passa a ser considerada em conjunto com uma explicação metafísica e atemporal. Por exemplo, o *tefilin* (Figura 2.9), em vez de ser entendido literalmente como uma ordenança divina de manter o texto nas caixas de couro na testa e no braço, poderia ser entendido como o ato de mantê-la guardada na mente e nas atitudes. Para os reformistas, portanto, a questão não é a obediência à Torá, mas a necessidade de uma nova interpretação de seu conteúdo.

Sobre essa atualização do discurso no meio reformista judaico, é importante destacar:

> Entre estas mudanças ritualísticas está a adoção de línguas vernáculas dos países onde os grupos de judeus estão inseridos, além da equiparação de atributos religiosos entre homens e mulheres. Teologicamente, a peregrinação à Terra Santa e a criação de um Estado judaico deixam de ser uma prioridade para os judeus desta linha reformista. (Medeiros, 2016a, p. 29)

Esse ponto é fundamental para a diferenciação entre as duas correntes de pensamento.

O judaísmo, por definição, é uma religião, de certa forma, política, ou seja, é a trajetória de um povo na história conectado pela religião. Por essa razão, a manutenção de um Estado judaico para os ortodoxos é o cumprimento de uma ordenança e das promessas divinas para Seu povo, adicionando-se o território físico à religião. O conceito de *sionismo* é proveniente dessa teoria e razão de discussão com os judeus reformistas, que não aceitam a ligação política com a questão do Estado de Israel. Para eles, o judaísmo deve permanecer restrito ao campo religioso, não político.

Existem, portanto, dois conceitos relativos a esse ambiente que precisam ser levados em conta: sionismo e antissemitismo[16]:

- **Sionismo:** Movimento político que buscou fortalecer a ideia de que Israel precisava de um Estado soberano, como maneira de reparar os danos causados por séculos de perseguição aos judeus. Esse movimento teve início no século XIX e culminou com a criação do Estado de Israel em 1948, após a Segunda Guerra Mundial.
- **Antissemitismo:** Movimento que incita o ódio aos judeus. Foi bastante forte na Alemanha nazista, quando se pregou por muito tempo que os judeus eram os responsáveis pelos males econômicos e políticos pelos quais o país passara no final do século XIX até a materialização do Holocausto.

Judaísmo conservador

Além das linhas tratadas anteriormente (ortodoxa e reformista), existe ainda o judaísmo dito *conservador*, que nasceria nos Estados Unidos da América (EUA) pela ação de um grupo de rabinos que não aceitavam as práticas do judaísmo existente, o qual consideravam por demais liberal.

---

16 O primeiro, que encontra respaldo nos escritos sagrados dos judeus (e também de cristãos, quando levamos em consideração o Antigo Testamento), é um movimento de caráter político que encontra amparo na religião para levar a cabo a criação de um Estado judaico após quase dois milênios de peregrinação entre as nações do mundo conhecido. Em contrapartida, o segundo, embora diga respeito a povos de origem semita, era um elemento de cunho político e racial, na Alemanha, em substituição ao antigo conceito *Judenhass* (ou aversão aos judeus) – no entanto, a discriminação e a perseguição aos judeus têm uma história muito mais antiga e remontam ao movimento que responsabilizava os judeus pela morte de Jesus.

As divergências tiveram início em questões alimentares, com base nas quais desenvolveram teologia e doutrina próprias por meio da fundação de um seminário em Nova Iorque, o qual[17] tem o objetivo de ser um dos núcleos intelectuais desse ramo do judaísmo contemporâneo.

A base dessa teologia está em três pontos principais, chamados de *pilares*: a lei judaica, a libertação nacional e o uso do hebraico como língua litúrgica. Entre as diferenças em relação à linha ortodoxa, podemos citar a saída dos guetos para ser parte da sociedade na qual os grupos estão inseridos e o igualamento das mulheres aos homens. Entretanto, mantém-se a necessidade de peregrinação à Terra Santa, considerada um preceito divino.

Outras linhagens judaicas

Existem outras linhas teológicas que, embora relacionadas com o judaísmo, não são aceitas por nenhuma das correntes apresentadas até aqui. Vamos rapidamente citá-las a título de conhecimento:

- **Judaísmo messiânico**: Interage com o cristianismo por aceitar que Jesus Cristo é o Messias esperado pelos judeus.
- **Judaísmo caraíta**: Desconsidera os textos orais utilizados para compor o corpo doutrinal judaico, aceitando apenas os textos escritos da Torá.
- **Judaísmo samaritano**: É a divisão oriunda dos habitantes da Samaria, antigo Reino do Norte de Israel, que adotam a própria versão da Torá e consideram o Monte Gerizim como lugar sagrado.

---

17 No *site* <http://www.jtsa.edu/> você pode constatar que, desde a fundação desse seminário, em 1886, os conservadores têm expandido seu trabalho de formação e preparação de judeus mediante o ensino, que vai desde a formação de rabinos até o preparo de jovens judeus para a realidade do século XXI.

- **Judaísmo ateístico**: Não acreditam em Deus, mas consideram-se judeus, pois apresentam simpatia não com a teologia, mas com os costumes e a ética judaica.

2.1.3 Relação entre ética e religiosidade

Para os judeus, não existe diferença entre a ética[18] e a religião. A ética é, portanto, uma extensão de sua doutrina. Na lei judaica existem aproximadamente 248 afirmações e 345 restrições ou proibições. A tradição diz que um costume tem o mesmo peso de uma lei. Essa lei dá muita ênfase às seguintes qualidades eticamente aprovadas pela sociedade: generosidade, hospitalidade, boa vontade, honestidade e respeito pelos pais.

Segundo esse conjunto de regras, a ajuda aos necessitados deve ser encarada não como caridade, mas como justiça, pois é uma determinação divina que não existam pobres sobre a Terra[19]. Verificamos, no código das leis judaicas, que o exemplo do descanso sabático faz referência à igualdade entre empregadores e empregados, ou seja, todos devem ser iguais perante essa lei. Em última instância, no caso de impor risco à vida humana, as regras poderão ser quebradas para preservar a vida de alguém.

"Os judeus não fazem distinção nítida entre a parte ética e a parte religiosa da doutrina judaica. Tudo pertence à Lei de Deus.

---

18 O conceito de *ética religiosa*, nos limites desta obra, diz respeito ao comportamento do fiel diante dos preceitos morais que sua religião apresenta. O mais importante a esse respeito é que tal ética religiosa siga os preceitos sem, com isso, desrespeitar as demais religiões. Tolerância responsável é exigida daquele que vive uma fé baseada na ética religiosa.
19 "O estrangeiro que habita convosco será para vós como um compatriota, e tu o amarás como a ti mesmo, pois fostes estrangeiros na terra do Egito. Eu sou Iahweh vosso Deus" (Bíblia. Levítico, 2018, 19:34).

[...] O judaísmo dá destaque a uma série de qualidades eticamente boas: **generosidade, hospitalidade, boa vontade para ajudar, honestidade** e **respeito pelos pais**" (Gaarder, Hellern; Notaker, 2005, p. 120, grifo do original).

Após a imigração em massa de judeus pelo mundo, muitos alcançaram posições de destaque nas sociedades onde se fixaram. Mesmo assim, desde muito tempo até o presente, os judeus têm sido perseguidos em vários locais: em primeiro lugar, pelas sociedades cristãs europeias, por atribuírem a eles a morte de Jesus Cristo; e, mais recentemente, pelos povos de origem muçulmana, que não aceitam a ocupação das áreas antes pertencentes aos palestinos, uma vez que tiveram de sair de suas terras para que o Estado de Israel fosse criado, em 1948.

A principal perseguição contra os judeus foi, sem dúvida, a resultante do Holocausto judeu no governo nazista de Hitler, em especial entre os anos de 1933 e 1945, período durante o qual foram dizimados aproximadamente 6 milhões de judeus (Gilbert, 2010). Além do elemento étnico presente nesse conflito, é preciso entender outro importante elemento para explicar a perseguição tão acirrada aos judeus por Hitler (e por Mussolini, na Itália).

Desde a Idade Média, os judeus foram proibidos de possuir terras para cultivo agrícola. Segundo Medeiros (2016a, p. 32), como os judeus eram proibidos de possuírem terras, os diversos grupos espalhados pelo Ocidente medieval, que viria a ser conhecido como Europa, viviam em comunidades chamadas *guetos* ou *judiarias*, que eram constantemente saqueadas e atacadas pelos cristãos. Com a proibição do cultivo de terras, os judeus se especializaram nas operações financeiras de empréstimos a juros, prática esta conhecida como *usura*, duramente condenada pela cristandade medieval. Por essa razão, muitos judeus tornaram-se proeminentes comerciantes e banqueiros, alcançando destaque no ambiente cultural e artístico na Baixa Idade Média[20].

Por fim, a Alemanha de Hitler estava em crise, com altas taxas de desemprego e descontentamento popular. Esse cenário favoreceu o surgimento de ações xenófobas, como foi o caso. Apontar o judaísmo como culpado para todas as agruras do povo e do Estado foi o argumento utilizado pela cúpula do regime nazista.

Luz, câmera, reflexão

Como sugestão, assista aos dois filmes indicados a seguir, que ilustram o cenário que envolve a questão do Holocausto judeu com base em diferentes pontos de vista. Procure realizar uma leitura crítica dos filmes, levando em consideração os elementos apresentados neste tópico.

A LISTA de Schindler. Direção: Steven Spielberg. EUA: Universal Pictures, 1993. 195 min.

O PIANISTA. Direção: Roman Polanski. Alemanha/França/Polônia/Reino Unido, 2002. 150 min.

Claro está que apresentamos aqui apenas uma introdução sobre o judaísmo, e essa observação será útil para todas as demais religiões: não nos aprofundaremos em questões filosóficas e doutrinárias nem faremos juízos de valor a respeito de nenhuma das religiões aqui citadas, pois o objetivo é que você possa entender melhor o mundo em que vive e conhecer um pouco mais sobre as culturas que orbitam nossa sociedade.

20 A obra *Mercadores e banqueiros da Idade Média*, do historiador francês Jacques Le Goff (1991), é um clássico a esse respeito e leitura obrigatória para aqueles que querem aprofundar seus conhecimentos sobre o assunto.

2.2 Cristianismo

O segundo dos chamados *povos do livro* é o cristão. Até o início do século XX, o cristianismo era a religião predominante em todo o Ocidente. Das três religiões monoteístas aqui estudadas, o cristianismo foi a que mais sofreu modificações estruturais ao longo de seus 2 mil anos de história: tanto em razão do chamado *Cisma do Oriente* quanto em virtude da Reforma Protestante, sem contar a influência dos movimentos contemporâneos cristãos, como os protestantes neopentecostais ou o movimento carismático católico. Com base nisso, vale ressaltar ser de suma importância entender os traços históricos do cristianismo para observarmos a sociedade em que vivemos, uma vez que a cultura cristã está enraizada na política, nas leis e nos estatutos de nossas cidades. Também é possível por que a sociedade ocidental está vivendo um movimento de franca secularização e por que o islamismo tem avançado de forma tão expressiva em países onde anteriormente o cristianismo predominava.

2.2.1 História

Toda a crença cristã está baseada no cumprimento das profecias judaicas relacionadas ao Messias citado no Antigo Testamento. Para o cristão, esse Messias já veio: trata-se de Jesus de Nazaré, que viveu na Palestina no século I da Era Cristã. Jesus, para os cristãos, é o Filho de Deus que veio ao mundo para remir toda a humanidade do merecido juízo divino, iniciado com o pecado de Adão no chamado *Jardim do Éden*. Para o cristianismo, Jesus, que fora morto pelos pecados da humanidade, ressuscitou no terceiro dia como prova inconteste de que Deus aceitara Seu sacrifício vicário.

Os doze discípulos que acompanharam Jesus deram início à primeira comunidade cristã e continuaram participando dos serviços nas sinagogas, tendo se identificado como uma ramificação[21] do judaísmo. Ficaram conhecidos como *judeus nazarenos*, nome dado em referência direta a Nazaré, cidade natal de Jesus. Muitos desses líderes da Igreja cristã primitiva restringiram a pregação do Evangelho aos judeus[22].

O grande responsável pela universalização do cristianismo aos gentios (não judeus) viria a ser o fariseu Paulo, convertido no ano 32 d.C. Paulo realizou viagens missionárias no mundo greco-romano a fim de levar o cristianismo para regiões distantes do núcleo judaico da Palestina, além de organizar a base das doutrinas cristãs em cartas que escreveu e enviou às primeiras comunidades formadas.

A separação definitiva entre o judaísmo e o cristianismo ocorreu no ano 70 d.C., no sínodo judaico de Jâmnia, no qual os cristãos foram excomungados do judaísmo. Para os romanos, por sua vez, que dominavam a Palestina no século I, o cristianismo era visto como religião de escravos. Posteriormente, após o crescimento exponencial das comunidades cristãs, Roma passou a vê-los como potencialmente perigosos para a estabilidade do Império. Com a negação dos cristãos em face da adoração às divindades romanas, entre as quais estava o próprio imperador, os cristãos foram perseguidos e utilizados como entretenimento do povo no famoso Coliseu romano (Figura 2.10), em eventos nos quais muitos deles eram mortos. Essa medida era empregada pelas autoridades romanas como

---

21 Assim como os fariseus, os saduceus, os publicanos e os essênios.
22 Por *Igreja cristã primitiva* entendemos o movimento criado pelos discípulos de Jesus após sua morte e ressurreição, conforme os relatos constantes nos Evangelhos, no Livro de Atos e nas Cartas Apostólicas do Novo Testamento.

uma distração para o povo, graças às complicações e dificuldades que o Império vinha sofrendo naquele período. Porém, em vez de coibir a difusão da nova religião, a perseguição espalhou ainda mais os cristãos para além das fronteiras do Império, e a adesão ao cristianismo foi aumentando cada vez mais. Os ápices desse fato foram a adesão ao cristianismo feita pelo próprio Imperador Constantino em 313 e, em 380, o decreto que o Imperador Teodósio emitiu estabelecendo que o cristianismo passaria a ser a religião oficial de Estado no Império.

Política

A adesão de Constantino ao cristianismo pode ser compreendida com base em uma análise de elementos sociais e políticos no século IV de nossa era. No final do século III, as condições políticas e econômicas de Roma estavam bastante abaladas. As fronteiras já não eram seguras, pois o exército não podia defendê-las dos povos chamados de *bárbaros* pelos romanos. A aristocracia romana, ameaçada, começou a migrar para o campo e a constituir Estados independentes. Com gastos de manutenção do Império cada vez maiores, o povo passou a sofrer mais e mais privações, iniciando revoltas internas e atos de banditismo contra Roma. Uma vez que foi realizada no contexto dessas grandes mudanças na estrutura do Império, a adoção do cristianismo por Roma foi uma medida política: em decorrência da decadência política e econômica romana, o cristianismo passou a ser uma força considerável.

Figura 2.10 – Imagem aérea do Coliseu romano

O decreto do Imperador Teodósio, determinação conhecida como *Édito de Tessalônica*, foi promulgado no final do terceiro século. A Igreja, que até então era administrada de forma descentralizada, mediante lideranças regionais distribuídas geograficamente pelo território imperial, após essa conjuntura de éditos, como o de Teodósio, iniciou o processo de centralização mais efetiva de sua estrutura hierárquico-administrativa. Foram essas iniciativas que concederam as condições para que a Igreja Católica Apostólica Romana surgisse e permanecesse unificada até 1054.

A influência dos Grandes Cismas: primeiras diferenças no cristianismo

No mencionado ano de 1054 ocorreu o primeiro Cisma na cristandade, do qual surgiu a Igreja Ortodoxa, que passou a ser a dominante no Oriente, em especial na Turquia (em Istambul), na Grécia e na Rússia. Antes dessa divisão, já existiam contendas entre a Igreja latina e a oriental, e os principais elementos de separação entre ambas foram a negação da autoridade do papa de Roma como líder supremo da instituição e a veneração das imagens dos santos. Os católicos ortodoxos veneram os chamados *ícones*, pinturas sagradas de Jesus, de Maria e dos santos.

Figura 2.11 – Ícone Ortodoxo de Maria e Jesus

Nos séculos seguintes, houve um aumento exponencial do poder da Igreja Católica sobre a Europa, onde, por muito tempo, os papas lutaram para exercer, além do poder espiritual, o poder temporal, ação em razão da qual entraram em conflito direto com as diversas monarquias europeias.

Foi no decorrer desse período que se iniciaram as Cruzadas cristãs contra os muçulmanos no Oriente Médio e na Península Ibérica (principalmente entre os séculos XI e XIII) e se estabeleceu a Santa Inquisição, resultado direto das expedições contra hereges em território ocidental, no século XIV[23].

---

23 Sobre o contexto político e social das Cruzadas, há extensa lista de livros a serem consultados, entre os quais recomendamos a leitura de Runciman (2002a, 2002b), Fletcher (2004) e Williams (2007).

A influência da Reforma Protestante: novas interpretações do texto sagrado

O segundo desafio à unidade católica ocorreu no século XVI, em decorrência da chamada *Reforma Protestante*, desencadeada por Martinho Lutero. Essa nova divisão na Igreja Católica foi responsável pela gênese das Igrejas cristãs de cunho protestante. É importante perceber quais foram os fatores que desencadearam esse cisma para que possamos entender os desdobramentos do cristianismo que temos hoje em nossa sociedade.

Resumidamente, podemos afirmar que o contexto histórico em que Lutero estava inserido trazia as condições necessárias para que a divisão acontecesse. O apoio dos príncipes alemães foi fundamental para a proteção física de Lutero e para a difusão dos novos aspectos de doutrina cristã, em especial a justificação pela fé em vez de pelas obras, o que era aceito até então. Depois de Lutero, outras denominações surgiram, cada uma das quais reforçava um dos aspectos da vida cristã. Entre elas estavam, por exemplo, o calvinismo, o metodismo e o presbiterianismo. Isso aconteceu porque na Bíblia não consta princípio claro de organização eclesiástica, razão pela qual cada comunidade pode escolher a própria ênfase e a maneira pela qual deseja ser organizada e liderada.

O que ainda há de comum e o que há de novo entre as variadas linhas cristãs

Apesar de todos os contrastes existentes entre as denominações do cristianismo, também existem semelhanças entre elas, sendo a principal o centro no ministério de Cristo e em sua morte e ressurreição. As diferenças entre a maioria das múltiplas denominações cristãs estão nas questões doutrinárias e exegéticas, ou seja, na maneira como seus fundadores interpretaram as Escrituras e criaram uma identidade para seus seguidores.

Um novo movimento na cristandade se originou na virada do século XIX, com o surgimento do pentecostalismo, oriundo agora do seio das denominações protestantes. Essas novas denominações atribuem maior ênfase ao trabalho do Espírito Santo e às manifestações sobrenaturais, como cura para doenças, glossolalia[24] e profecias. Destacam-se entre elas a Igreja Assembleia de Deus e a Igreja do Evangelho Quadrangular. O catolicismo também passou por reavivamento espiritual com o movimento da Renovação Carismática Católica.

Na década de 1970, surgiu outra mudança no âmbito do cristianismo contemporâneo: o chamado *movimento neopentecostal*, que pode ser identificado pela ênfase na prosperidade, na utilização da mídia como forma de se aproximar das pessoas e no uso das forças das trevas como ferramenta para explicar as agruras dos fiéis.

Por fim, no século XXI, o que podemos verificar é um avivamento das denominações tradicionais (batistas, presbiterianos etc.), além da ênfase no louvor e na adoração como instrumentos de evangelismo e capacitação dos fiéis.

Outros fenômenos contemporâneos estão surgindo, como:

- o crescimento exponencial de comunidades cristãs independentes, não pertencentes a uma determinada denominação ou hierarquia;
- a segmentação das Igrejas para atender a determinados grupos e públicos;
- a busca de cristãos por um retorno ao protestantismo reformado, causada, em grande parte, pela comemoração dos 500

---

24 É um termo que vem do grego *glōssais lalein*, que significa "falar em línguas". Na teologia cristã, significa o ato de falar em línguas que o Espírito Santo concede ao fiel. Está presente em alguns ramos do catolicismo, como a Renovação Carismática Católica, as Igrejas protestantes pentecostais e as neopentecostais.

anos da Reforma Protestante, que foi celebrada em 2017 e que colocou os chamados *reformadores* na mídia cristã, além de uma espécie de movimento migratório de cristãos entre Igrejas.

Contudo, todos esses são movimentos muito recentes e carecem de estudos e pesquisas para que possam ser entendidos e compreendidos teologicamente.

A influência geral de Cristo: divindade e aproximação com o judaísmo

Sem dúvida nenhuma, o cristianismo causou profundas mudanças no mundo ao longo de seus mais de 2 mil anos de história. Os historiadores concordam que Jesus de Nazaré não é um personagem fictício, ou seja, que ele existiu e habitou entre nós. O que se discute é a natureza divina de Cristo, o que os cientistas sociais não podem comprovar, tampouco refutar. A divindade de Cristo é um campo para a área da fé, assim como em todas as demais religiões. A importância de Cristo não pode ser negada, tendo em vista que várias religiões tratam e aceitam a figura de Jesus como um homem muito sábio, que trouxe muitos ensinamentos preciosos para os seres humanos. No entanto, apenas os cristãos acreditam que Jesus é Deus que se tornou homem para morrer pelos pecados da humanidade e trazer a esperança da salvação aos homens.

A relação entre cristianismo e judaísmo é uma questão bastante importante e controversa ao longo da história. Ao mesmo tempo que o segundo é fundamental para a compreensão do primeiro, é necessário manter a doutrina cristã em evidência, pois existe a tendência de esta aderir a elementos rituais judaicos, introduzindo-os no universo cristão. Essa tentativa de alguns teólogos de aproximar do judaísmo o culto cristão pelo uso de elementos judaicos foi combatida desde o início da Igreja, seja pelo próprio apóstolo Paulo no

Concílio de Jerusalém[25] – ainda no livro de Atos –, seja pelos pais da Igreja, que combatiam o "cristianismo judaico", tendo continuado presente ao longo de toda a história da Igreja cristã[26]. De maneira especial, podemos encontrar em nossos dias o eco dessa questão nas denominações cristãs neopentecostais, que utilizam em suas atividades elementos do culto judaico – como o uso do *shofar*[27] na observação das festas judaicas.

2.2.2 Doutrina

Para entendermos o sistema religioso cristão, como vimos no caso do judaísmo, precisamos levar em consideração que os princípios constantes no Antigo Testamento são revalidados pelos teólogos cristãos, que fazem uma nova leitura dos textos nele inclusos mediante uma reinterpretação da lei e da fé judaica. Um exemplo claro de como isso acontece está na leitura das profecias messiânicas que são interpretadas pelos cristãos "como predições cumpridas no e pelo ministério terreno de Cristo" (Scherer, 2005, p. 39)

---

25 Consulte o capítulo 15 do livro de Atos, que descreve o Concílio de Jerusalém (Bíblia. Atos, 2018, 15).
26 Você pode encontrar um bom debate sobre essa questão da separação entre as duas religiões (judaísmo e cristianismo) na obra *À sombra do templo*, de Oskar Skarsaune (2004).
27 O *shofar* é um antigo instrumento utilizado pelos judeus como um instrumento sagrado. É feito com o chifre de um animal puro para os judeus. Os mais comuns são de carneiro ou de antílope. Nesse sentido, o som que sai do shofar não é delicado, mas tinha um objetivo ritual de servir aos hebreus em situações específicas e ocasiões solenes, como no caso da convocação do povo para a adoração a Deus ou para a guerra, quando um perigoso inimigo se aproximava.

A Bíblia é tida como a palavra de Deus para os cristãos ditos *conservadores*[28]. Nesse caso, uma vez que é sobre essa base que toda a fé cristã está assentada, as Escrituras Sagradas devem ser seguidas por aqueles que dizem ser seguidores de Cristo. O livro mais lido e traduzido da história, portanto, é fundamental para a boa compreensão da fé cristã.

A inserção do cânone do Novo Testamento trouxe novos elementos para a formação dos credos cristãos. A base do cristianismo está na pessoa de Jesus Cristo, o qual, segundo os fiéis, é o Filho de Deus que veio ao mundo para redimir o ser humano do poder do pecado mediante sacrifício vicário. Esse é um resumo do Evangelho, ou da boa nova que Jesus veio contar aos homens. No cristianismo, o Reino de Deus foi inaugurado com a vinda de Deus ao mundo. Embora Jesus não tenha especificado uma religião em seu ministério, ele solicitou a seus discípulos que contassem a boa nova aos homens – qual seja, Sua ressurreição –, primeiro para os judeus, depois para os gentios.

Dogmas e regras

Com o amadurecimento das primeiras comunidades cristãs, foi necessário criar regras para estabelecer o que era certo e o que era errado para os cristãos, bem como em que cada cristão deveria ou

---

[28] Desde o advento do fenômeno conhecido como *Iluminismo*, as bases da teologia têm sido relativizadas pela ala liberal ou progressista dos teólogos cristãos. Esse grupo considera que as bases da fé podem ser relativizadas, uma vez que, para eles, a Bíblia apenas contém a palavra de Deus. Isso significa que, em meio aos princípios eternos de Deus, existem histórias que podem ser consideradas lendas, e não verdades históricas. Para mais informações sobre o assunto, consulte Medeiros (2018).

não acreditar. Essas regras estão contidas nos credos[29] que a Igreja cristã criou ao longo de sua história, o principal dos quais foi o de Niceia, no século IV. Nos credos encontramos os dogmas do cristianismo. A palavra *dogma* significa "doutrina". Com base neles, o cristão tem condições de conhecer os pontos primordiais de sua fé. O principal dogma cristão é a encarnação de Jesus. Ele foi tanto homem como Deus, tendo convivido como ambos na mesma pessoa. Portanto, Jesus não era apenas Filho de Deus, Ele era Deus (Gaarder; Hellern; Notaker, 2005).

A salvação do ser humano é alcançada após a aceitação da morte e da ressurreição de Jesus em remissão dos pecados. O ser humano

---

29 "As origens do **Credo Apostólico** podem ser encontradas no próprio Novo Testamento. São frequentes as menções a ser 'batizado em nome de Jesus Cristo' (ver At 2.38; 8.12; 10.48) ou 'em nome do Senhor Jesus' (At 8.16; 19.5). Parece que a forma mais simples do primeiro credo cristão foi apenas 'Jesus é o Senhor' (Rm 10.9; 1Co 12.3; 2Co 4.5; Fp 2.11). Qualquer um que fizesse essa declaração era considerado cristão. Cristão é aquele que '[recebeu] Cristo Jesus, o Senhor' (Cl 2.6). Essa declaração é vigorosa, pois implica duas afirmações conexas. Em primeiro lugar, confessa a lealdade do crente a Jesus Cristo e seu compromisso com ele. Como veremos mais adiante, quando alguém confessa que 'Jesus Cristo é o Senhor', isso equivale a declarar que Jesus é o Senhor de sua vida. Reconhecer que Jesus é o Senhor significa buscar seguir a vontade dele. A recusa dos primeiros cristãos a adorar o imperador romano reflete a convicção de que só é possível servir a um senhor e, para o cristão, esse senhor é o próprio Jesus, e somente ele. Em segundo lugar, 'Jesus é o Senhor' afirma determinadas informações acerca de Jesus, sobretudo sobre sua ligação com Deus. Entretanto, com o passar do tempo, foi necessário explicar com mais detalhes aquilo em que os cristãos criam. Era preciso explicar tudo o que implicava declarar 'Jesus é o Senhor'. O que os cristãos criam com relação a Deus? E sobre Jesus? E o Espírito Santo? No quarto século, o **Credo Apostólico** como o conhecemos hoje já tinha adquirido uma fórmula mais ou menos fixa. As variações que existissem eram sutis e, mesmo estas, acabaram por ser eliminadas no sétimo século. O **Credo Apostólico** é um resumo excelente dos ensinos dos apóstolos acerca do evangelho, apesar de não ter sido de fato escrito pelos apóstolos" (McGrath, 2013, p. 13-14, grifo do original).

precisa ser salvo de sua natureza pecaminosa. Essa salvação é necessária para libertar o ser humano de seu apego ao mundo e, em última instância, do Juízo Final.

Os cristãos acreditam que Jesus voltará dos céus e trará uma nova era para a humanidade, quando Ele julgará os homens segundo a fé em Cristo e as escolhas de vida na Terra. Haverá, portanto, um Juízo Final, durante o qual todos os seres humanos serão julgados de acordo com as escolhas realizadas em vida. Esse é o núcleo central do cristianismo.

Diferenças doutrinais entre católicos e protestantes
Vale dizer que um dos dogmas do cristianismo tem relação com o complexo conceito da **Trindade**, segundo o qual Deus "são três 'pessoas' numa única divindade" (Gaarder; Hellern; Notaker, 2005, p. 185).

Outro ponto nevrálgico entre católicos e protestantes tem relação com a virgindade e a assunção de Maria, a mãe de Jesus. Para os católicos, Maria permaneceu imaculada mesmo após o nascimento de Jesus, e a tradição católica descreve que Maria foi assunta ao céu, tendo recebido o título de Mãe de Deus. Isso não é aceito pelos protestantes, os quais atribuem a Maria um grande respeito, por ter sido ela a eleita de Deus, aquela mediante a qual foi possível que o Messias entrasse no mundo legalmente – mas apenas isso. Para os protestantes, Maria e José tiveram outros filhos após Jesus, incluindo dois discípulos e escritores de cartas do Novo Testamento: Tiago e Judas.

Para o catolicismo, é possível venerar os santos, ou seja, contemplar imagens para as quais fazem orações, pedindo-lhes graças e bênçãos que sejam levadas a Deus, razão pela qual trabalham como intermediários entre o ser humano e Deus. Os santos são/foram grandes homens e mulheres da cristandade a quem foram/são atribuídos milagres que possam ser comprovados cientificamente, como curas físicas, por exemplo. A Igreja Católica tem, no Vaticano, um tribunal específico para julgar os processos de beatificação e santificação dos envolvidos. Por sua vez, para os protestantes, as imagens e as orações dirigidas tanto a Maria quanto aos santos estão proibidas, pois apenas Jesus é o intercessor da humanidade perante Deus.

Na doutrina do catolicismo está presente a figura do Purgatório. Esse "lugar" é um local intermediário (chamado de *entrelugar*) entre o Céu e o Inferno. No Purgatório[30], as pessoas pagam por seus delitos e, mediante a intercessão dos vivos, suas almas são "purgadas", razão pela qual podem ascender ao Céu. Os protestantes não creem no Purgatório, uma vez que não existem referências diretas a esse assunto na Bíblia ou nos discursos de Jesus ou dos apóstolos.

Para os católicos, durante a Eucaristia, memorial do sacrifício de Jesus por todos, o pão e o vinho não são mais apenas pão e vinho, mas o corpo e o sangue de Cristo, como resultado da **transubstanciação** dos elementos. Segundo o Catecismo da Igreja Católica (CIC),

> *O que o alimento material produz em nossa vida corporal, realiza-o a Comunhão, de modo admirável, na nossa vida espiritual. A comunhão da carne de Cristo Ressuscitado, "vivificada pelo Espírito Santo e vivificante" (230), conserva, aumenta e renova a vida da graça recebida no Baptismo. Este crescimento da vida cristã precisa de ser alimentado pela*

---

30 Para saber mais a respeito do Purgatório, consulte o livro *O nascimento do Purgatório*, do historiador francês Jacques Le Goff (2017). Nessa obra, o autor explica que as primeiras referências ao Purgatório surgiram no século XII, período antes do qual havia apenas as ideias de Inferno e Paraíso. Segundo Le Goff (2017), o Purgatório seria um lugar para medíocres, cujos delitos e pecados, embora não os fizessem merecer o Paraíso, não os condenariam ao Inferno. Você pode imaginar que todos poderiam enquadrar-se nesse panorama, razão pela qual a dependência dos fiéis em relação à Igreja, com o Purgatório, aumentou. Por consequência, o poder da Igreja na Europa medieval também cresceu.

Comunhão eucarística, pão da nossa peregrinação, até a hora da morte, em que se nos será dado como viático. (CIC, n. 1392)

Para os protestantes em geral, a ceia tem um grande significado espiritual: o de ser também memorial do sacrifício de Jesus, constituindo-se em um tempo de reflexão e arrependimento e renovação da aliança com Deus. Porém, para eles, os elementos continuam sendo apenas pão e suco da uva. Essa maneira de enxergar a Ceia do Senhor é conhecida como *memorialista* ou *memorial*.

Preste atenção!

Veja a seguir aspectos próprios das diferentes visões acerca da Última Ceia entre os ramos do cristianismo:

a) O catolicismo e a **Eucaristia**

Acontece a transubstanciação dos elementos eucarísticos durante a ministração da Eucaristia. O pão transforma-se no corpo de Cristo, e o suco de uva, no sangue de Cristo. Essa transformação acontece, em essência, pela oração eucarística e pela ação do Espírito Santo. O texto base comumente utilizado para legitimar esse dogma é o seguinte: "Enquanto comiam, Jesus tomou o pão, deu graças, partiu-o, e o deu aos discípulos, dizendo: 'Tomem; isto é o meu corpo'. Em seguida tomou o cálice, deu graças, ofereceu-o aos discípulos, e todos beberam. E lhes disse: "Isto é o meu sangue da aliança, que é derramado em favor de muitos" (Bíblia. Marcos, 2000, 14:22-24).

b) O protestantismo e a **Ceia do Senhor**

Diferentemente do catolicismo, para os protestantes, a Última Ceia deixa para as gerações futuras o legado e a ordenança de estabelecer um memorial que relembre por todas as gerações o sacrifício de Jesus na Cruz do Calvário. Mesmo não tendo o mesmo caráter místico da visão católica do assunto, é um dos elementos mais importantes do cristianismo protestante, pois estabelece o fundamento daquilo que se espera de um cristão. O texto-base para esta visão a respeito desse episódio é o seguinte:

Pois recebi do Senhor o que também lhes entreguei: que o Senhor Jesus, na noite em que foi traído, tomou o pão e, tendo dado graças, partiu-o e disse: "Isto é o meu corpo, que é dado em favor de vocês; façam isto em memória de mim". Da mesma forma, depois da ceia ele tomou o cálice e disse: "Este cálice é a nova aliança no meu sangue; façam isto, sempre que o beberem, em memória de mim". Porque, sempre que comerem deste pão e beberem deste cálice, vocês anunciam a morte do Senhor até que ele venha. Portanto, todo aquele que comer o pão ou beber o cálice do Senhor indignamente será culpado de pecar contra o corpo e o sangue do Senhor. Examine-se o homem a si mesmo, e então coma do pão e beba do cálice. (Bíblia. 1 Coríntios, 2000, 11:23-28)

É importante salientar, neste ponto, outras duas vertentes conceituais a respeito da Ceia do Senhor: a consubstanciação e a presença espiritual de Cristo. A primeira delas se parece muito com a ideia da transubstanciação analisada anteriormente. Seu maior propositor foi Martinho Lutero, para quem, basicamente, mesmo que o pão e vinho não se transformem, de maneira literal, em carne e sangue, a presença física de Cristo ocorre durante esse momento nos elementos. Por essa razão, podemos entender **consubstanciação** como o corpo de Cristo junto com os elementos da ceia. A segunda visão, alternativa para a explicação teológica da ceia, está no conceito de **presença espiritual** ou **virtualismo**. Seu defensor, Calvino, entendia que o sangue e o corpo de Cristo se encontram espiritualmente presentes na ceia por meio dos elementos desta.

Assim, aqueles que dela participam estão se alimentando, em espírito, do próprio Senhor. Para Calvino, ao receber o símbolo do corpo e sangue de Cristo, o fiel está, espiritualmente, recebendo o próprio corpo de Cristo.

O último ponto controverso entre as duas divisões do cristianismo tem relação com o batismo.

Os católicos batizam crianças, razão pela qual quem é o responsável pela escolha da ação são os pais e os padrinhos. A confirmação da fé católica acontece na Eucaristia e, mais adiante, na Crisma (que é uma representação da descida do Espírito Santo sobre os apóstolos no Dia de Pentecostes). Para os protestantes, existem duas formas de batismo, que variam de acordo com a denominação em questão. Para as denominações chamadas *históricas*, existe o batismo de crianças, similar ao do catolicismo. Para o maior percentual das comunidades protestantes, o batismo deve acontecer após decisão pessoal (de quem será batizado), isto é, deve ocorrer quando o fiel tiver consciência do que está realizando, com base no que o próprio Jesus fez: segundo o Novo Testamento, Jesus iniciou seu ministério terreno, aos 30 anos de idade, após seu batismo.

Embora existam outros pontos de divergência entre as duas divisões da cristandade, é possível perceber ultimamente um movimento contemporâneo de convergência, ou exaltação, de pontos de contato entre católicos e protestantes, por meio do fenômeno a que chamamos de *ecumenismo*, do qual trataremos no final deste livro.

2.2.3 Relação entre ética e religiosidade

Os principais mandamentos do cristianismo têm relação direta com o amor: i) amar a Deus em primeiro lugar e, então, ii) amar ao próximo como a si mesmo. Segundo Jesus, se os cristãos realizarem essa tarefa, toda a Lei de Moisés será cumprida:

> *"Mestre, qual é o maior mandamento da Lei?".*
> Respondeu Jesus: *"Ame o Senhor, o seu Deus de todo o seu coração, de toda a sua alma e de todo o seu entendimento.*
> *Este é o primeiro e maior mandamento.*
> *E o segundo é semelhante a ele: "Ame o seu próximo como a si mesmo".*
> *Destes dois mandamentos dependem toda a Lei e os Profetas".* (Bíblia. Mateus, 2000, 22:36-40)

A ética cristã, portanto, prega as boas obras, a ajuda aos necessitados – pobres e oprimidos –, a caridade e o amor entre cristãos e entre cristãos e gentios. Jesus realizou muitas obras, como curas e milagres, e deixou esse legado para seus seguidores. O ponto crucial da ética cristã é a análise de que todos os seres humanos foram feitos à imagem e semelhança de Deus e, portanto, devem ser tratados com respeito e dignidade. A vida de Cristo deve manifestar-se nos atos do dia a dia dos fiéis, sendo esse um poderoso instrumento de evangelização. Ou seja, a mudança na vida do fiel feita com base em novos parâmetros e novos conceitos pode levar outros a buscar uma nova vida com Cristo.

O sociólogo Max Weber (2004) publicou sua teoria a respeito da formação das bases do capitalismo ocidental no século XIX, que teria sido resultado da aplicação prática de elementos contidos na ética protestante. O modelo de ocupação inglês para os Estados Unidos apresenta paradigmas protestantes que não são encontrados quando a mesma análise é feita em relação ao modelo de ocupação e exploração de Portugal e Espanha nas respectivas colônias, por exemplo[31].

A ética cristã apresenta elementos que a distinguem de outros sistemas religiosos. Segundo o teólogo Emil Brunner (citado por Silva, 2016), "a ética cristã é a ciência da conduta humana que se determina pela conduta divina". A base para essa ética está tanto no Antigo Testamento quanto no Novo Testamento, razão pela qual precisa ser entendida com base na perspectiva de que as Sagradas Escrituras apresentam a revelação divina para a humanidade. Nesse sentido, a ética é um elemento fundamental para o fiel, uma vez que o cristianismo adota a prática da evangelização para alcançar novos adeptos. Com base nisso, podemos afirmar que o estilo de vida do cristão é um elemento-chave para a disseminação e a propagação da mensagem de Cristo na Terra. Além desse elemento externo, em razão do qual aqueles que convivem com o cristão gradativamente percebem a mudança nas práticas cotidianas deste, internamente esse cristão também recebe alento ao utilizar um arcabouço de elementos e valores que o auxiliam na tomada de decisões diárias. Trata-se de uma perspectiva divina sobre esses anseios e inseguranças que o ajuda a se portar eticamente em sociedade.

No entanto, vale dizer, é possível confundir a ética cristã com uma ética puramente filosófica e moral, razão pela qual é necessário diferenciá-las. O Quadro 2.1 pode ajudar nessa tarefa.

---

31 A ideia aqui é mostrar que o cristianismo impactou muito mais do que simplesmente o campo da fé e da religião. Max Weber (2004) estabelece diferentes maneiras de abordar a formação das colônias no Novo Mundo: o modelo protestante inglês foi o responsável pela colonização e pela disseminação do espírito protestante na América do Norte, ao passo que o modelo católico ibérico foi o responsável pela colonização da América Central e da América do Sul. Acompanhar essa trajetória, vale dizer, é importante para entender a sociedade em que vivemos hoje.

Quadro 2.1 – Ética cristã *versus* ética filosófica

TIPO DE ÉTICA	INICIA-SE COM A	LEVA PARA
Cristã	Revelação	A verdade
Filosófica	Razão	Uma constante procura

A ética cristã precisa, necessariamente, de um componente sobrenatural, isto é, da revelação divina pela palavra de Deus. De maneira distinta, a ética filosófica acaba sendo relativa, pois gera uma verdade para cada contexto social.

No âmbito brasileiro, no momento da publicação desta obra, vínhamos vivendo um período bastante peculiar no campo da ética política em razão dos desdobramentos do combate à corrupção nas esferas políticas. Nesse sentido, a ética cristã, mais do que nunca, é necessária para nossa nação, pois conceitos como **honestidade** e **caráter** estão contidos no arcabouço do estilo de vida do cristianismo.

De maneira geral, todas as religiões apresentam doutrinas com bons elementos no campo da ética, da moralidade e da justiça. Então, por que razão acontecimentos violentos ocorreram no passado e ainda ocorrem em nosso presente? As Cruzadas, a Inquisição, as perseguições religiosas entre católicos e protestantes da Irlanda, entre tantos outros eventos, revelam o oposto do que a doutrina religiosa propõe a seus fiéis.

Isso acontece, em grande medida, quando interesses políticos estão acima dos princípios da fé. Quando a religião se coloca a serviço de interesses políticos que representem o benefício de determinados grupos em vez dos interesses da totalidade da sociedade, a ética passa a ser apenas um discurso vazio que serve como elemento legitimador de atrocidades em nome da fé.

Que a história nos ajude a compreender os erros do passado para que venhamos a melhorar como sociedade e caminhar com base em uma ética que leve toda a sociedade a um novo patamar.

2.3 Islamismo

De todas as grandes religiões monoteístas, o islamismo é a mais recente e a menos conhecida pelos ocidentais, o que não quer dizer que, no Ocidente, não se ouçam todos os dias, nos noticiários, relatos de confrontos no Oriente Médio com homens-bomba – associados à religião aqui descrita – que causam verdadeiras chacinas de pessoas inocentes. No entanto, é essa a verdadeira descrição dos muçulmanos? Homens fundamentalistas que se suicidam em nome de Alá? Hoje, mais do que nunca, precisamos conhecer a religião islâmica para desmistificar algumas informações que recebemos da mídia ocidental. Vamos fazê-lo nos próximos tópicos.

Preste atenção!
Existem diferentes nomenclaturas (de inter-relação semântica política, cultural e religiosa) para o adepto do islamismo. Entre as duas ramificações etimológicas principais, podemos identificar:

1. *Islã*, *islamismo*, *islamista*: São todos termos utilizados para indicar aquele que segue o Islão. Essa raiz, que surgiu no século XX e é usada em alguns países, mostra um aspecto adicional àquela que revela a preferência religiosa do fiel. Ela é principalmente utilizada para revelar o engajamento político dentro da doutrina islâmica. No âmbito desse espectro, é possível destacar o "fundamentalismo islâmico", que busca atacar o mundo ocidental em razão dos conflitos que remontam a um contexto de mais de dez séculos, desde as Cruzadas, passando

pelos movimentos importantes de geopolítica das potências europeias que dominaram a região no século XIX e mudaram a **configuração dos países da região, culminando com a criação do Estado de Israel, em 1948, pela Organização das Nações Unidas (ONU) após a Segunda Guerra Mundial**. Com base em todos esses elementos, movimentos islâmicos que associam religião com política têm surgido ao longo do século XX, embora, como se pode pensar, nem todos sejam braços armados como Al-Qaeda, Isis, entre outros. É importante destacar que o termo *fundamentalismo* foi originalmente cunhado pela teologia cristã com um sentido positivo. Conforme Jair Araújo de Lima (2011, p. 93),

> *De fato, em sua origem histórico-social o termo designa um tipo específico de religioso que se definiu como fundamentalista numa designação positiva do termo: aquele que se enxerga como "fiel" aos fundamentos de sua religiosidade, isto é, ortodoxo. Este é o sentido original do termo fundamentalista, segundo os seus primeiros estudiosos – os teóricos da história da teologia – e segundos os próprios adeptos do grupo. [...] Portanto, o primeiro sentido histórico do termo foi positivo.*

2. **Muçulmano**: É todo aquele que se converte às doutrinas do islamismo. A raiz da palavra tem origem no vocábulo árabe *aslama*, que significa "submetido a Deus".

Vale dizer aqui que o termo *árabe* tem relação com a etnia, e não com a religião. Citamos essa informação aqui porque costuma existir muita confusão na associação direta que tem ocorrido entre árabes e muçulmanos.

O islamismo, vale dizer, é a religião que mais cresce hoje em todo o mundo. A palavra *islã* quer dizer "submissão" – segundo a religião, o ser humano deve se entregar totalmente a Alá e submeter-lhe a vontade em todas as áreas da vida.

2.3.1 História

Para entendermos um pouco da história do islamismo, precisamos compreender quem foi e o que fez seu fundador, bem como o contexto político que favoreceu sua atuação nas reformas religiosas e políticas. Esse homem foi Maomé.

Maomé nasceu na cidade de Meca, na Arábia, por volta de 571 d.C. Nesse período, essa cidade já era um local muito importante economicamente, uma vez que estava no caminho dos mercadores e comerciantes que transitavam pela Península Arábica. Maomé era filho de uma proeminente família de comerciantes, tendo, no entanto, ficado órfão muito cedo, razão pela qual foi criado pelo tio. Mais tarde, Maomé se casou com Khadidja, uma viúva 15 anos mais velha que ele, a qual se tornou sua conselheira e primeira seguidora.

Além de importante centro comercial, Meca era também um dos centros religiosos da Arábia. O sistema religioso do século VI era basicamente tribal e politeísta. Cada tribo tinha seus deuses e os cultuava. A Caaba, ou a Pedra Negra, já era cultuada em Meca antes de Maomé (quem, pela religião islâmica, a transformaria depois em "centro do mundo"). O fato de os nômades e beduínos passarem a se fixar em cidades, abandonando o sistema errante de subsistência, trazia um gradativo abandono da religião até então tradicional. Com isso, a influência de duas religiões aumentou naquele período: o judaísmo e o cristianismo. Os judeus se espalharam pela Arábia depois de terem sido expulsos de Jerusalém pelos romanos, e os cristãos, da mesma forma, também passaram a ser presentes por lá. Esse é o complexo mundo em que Maomé viveu e que influenciou o pensamento do profeta. Não é possível dissociar o nascimento do islamismo de seu contexto histórico (Medeiros, 2016a).

Por essa razão, grande parte do mundo árabe carrega a tradição de considerar como elemento fundador de seu povo Ismael, filho de Abraão, incluindo Maomé, que declarava ser descendente do patriarca.

Uma vez ao ano, Maomé realizava uma prática (que já era comum aos monges cristãos) de se retirar para uma caverna para meditar, embora não usasse as escrituras para meditação. Os muçulmanos acreditam que, quando Maomé atingiu a idade de 40 anos, ele passou por uma revelação divina: o Arcanjo Gabriel apareceu para ele e lhe pediu que lesse os textos que ele havia trazido do céu, escritos pelo próprio Deus. Essa é a tradição da origem do Alcorão (ou Corão), conjunto de textos que corresponde ao livro sagrado dos adeptos da religião muçulmana. Os 114 capítulos que formam o Alcorão são conhecidos como *suras* (Medeiros, 2016a).

Desse momento em diante, Maomé pregou o que havia visto na cidade de Meca como autoproclamado emissário de Alá. A liderança local não aceitou essa postura, pois viu em Maomé a tentativa de usurpar o poder político pelo discurso que proferia, além de contradizer toda a religião politeísta dos grupos tribais que compunham a sociedade local da época. Com o aumento dessa oposição, Maomé partiu, em 622 d.C., para a cidade de Medina. Sua saída ficou conhecida como *hégira*, que significa "partida" ou "rompimento". Para os seguidores de Maomé, esse movimento do profeta não teria sido uma fuga (como se costuma dizer), mas a indicação da submissão dele a Deus. Em Medina, Maomé tornou-se líder político e religioso rapidamente (Medeiros, 2016a). Ele organizou, então, a chamada *jihad* (ou luta), que consistia no assalto a caravanas de beduínos para manter financeiramente o projeto de expansão do Islã. Posteriormente, esse nome foi o mesmo atribuído à guerra santa, dado aos movimentos armados com a justificativa religiosa como pano de fundo – trata-se de termo utilizado tanto pelos islamistas quanto pelos cristãos durante as Cruzadas.

Na década posterior, Maomé tomou a cidade de Meca, além de boa parte da Arábia, unificando sob a nova religião grande parte do povo árabe, sendo mais forte que toda a tradição ancestral politeísta. Esse fato gerou uma nova identidade para esse povo antes dividido pelo politeísmo. Esse foi o legado que Maomé deixou quando morreu em 632 d.C.

Após a morte do profeta, a liderança dos muçulmanos ficaria a cargo dos chamados *califas*[32]. Os três primeiros califas foram parentes de Maomé e estavam entre os primeiros convertidos.

Entraves políticos e manutenção e expansão do Islã

O primeiro cisma do Islã aconteceu com o quarto califa, Ali, primo de Maomé, que era casado com a filha do profeta. Ali acabou sendo assassinado por adversários e, após esse evento, um vazio de poder se instalou no mundo islâmico. Diferentemente do cristianismo, que se dividiu por problemas doutrinários relacionados à fé, o islamismo seria dividido por problemas associados à liderança do Islã. Surgiram dois grupos da primeira separação (que existem até hoje): os **xiitas** e os **sunitas**. A primeira facção acreditava que o líder do islamismo deve ser um descendente direto do profeta Maomé, ao passo que a segunda, a maior das duas, acreditava que quem está no poder deve ser o mandatário também da religião.

---

32 *Califa* é o nome que se dá ao líder religioso da comunidade islâmica. Ele é considerado pelos fiéis um sucessor de Maomé. O califa é o mandatário de um califado, que, por sua vez, é o sistema de governo muçulmano regido pelas charias islâmicas – *charia* é sinônimo para *leis*. Nesse sentido, o califado é um governo regido pela cosmovisão islâmica.

A sucessão política no mundo árabe sempre foi bastante sensível e complexa. Após a morte do profeta, o próximo governante foi chamado de *khalifah*, que significa "sucessor". Esse título perdurou até 1258, com a invasão da região pelos mongóis, o que acabou com o califado de fato como governo centralizado da região. O Egito manteve essa nomenclatura até 1517, quando foi conquistado pelos turcos otomanos, que também mantiveram o nome até o fim do Império, em 1924. Depois disso, o congresso egípcio não conseguiu consenso para eleger um novo califa.

Com o fim do califado, somado à fragmentação geopolítica após a Primeira Guerra Mundial – que deu um fim à colonização europeia na região –, o governo foi regionalizado. A partir daquele momento, os líderes políticos passaram a ser chamados de *sultões*, nome ainda hoje utilizado por diversos governos árabes. Existem outros nomes empregados de maneira mais específica, como: *marajá*, usado nas conquistas muçulmanas em regiões da Índia; *vizir*, uma espécie de primeiro-ministro do califa, que fazia o intermédio entre o líder e os súditos; *emir*, título dado a comandantes militares que ainda hoje denomina os líderes de países como Qatar e Bahrein; *mulá* e *ulemá*, estudiosos e professores da doutrina muçulmana, equivalentes aos teólogos; *aiatolá*, utilizado no Irã para designar aquele que apresenta o mais alto grau de estudos sobre a religião; *xeque*, título que significa "ancião" e é dado a todo aquele que tem um cargo importante dentro da estrutura política do mundo islâmico.

Por que e como, então, o islamismo teve grande adesão no mundo árabe?

Ainda no tempo de Maomé, as potências que influenciavam a Arábia eram o Império Bizantino e o Império Persa, que já se encontravam em declínio. O vazio de poder oriundo do fracasso desses domínios facilitou a expansão da nova ideologia e religião. Os muçulmanos ocuparam todo o norte da África, cruzaram o

Estreito de Gibraltar e ocuparam todo o sul da Península Ibérica, no local onde hoje estão Portugal e Espanha. Avançaram também para o Oriente, tendo chegado até a Índia. O conflito entre muçulmanos e hindus foi tamanho, que dois países foram criados: a Índia, de maioria hindu, e o Paquistão, de maioria muçulmana. Recentemente, a grande imigração de muçulmanos para o Ocidente tem aumentado muito a presença da religião na Europa e na América do Norte, especialmente entre os negros norte-americanos, sendo já a segunda maior religião nessas localidades.

2.3.2 Doutrina

A associação que há entre islamismo e governo pode fazer parecer que o elemento religioso não esteja totalmente presente na sociedade islâmica. Isso ainda é mais notável se levarmos em conta o noticiário, que geralmente mostra apenas a minoria fundamentalista em seus ataques terroristas. Porém, para o muçulmano, a religião está acima de qualquer instituição política. É por isso que é ela quem dita como o governo deve se portar e o que ele deve fazer. Se pudéssemos resumir o islamismo em uma única frase, ela seria: *Aashadu an la ilaha illa Allah, Ashhadu Anna Muhammad ar Rasul Allah*. Esse texto, em árabe, significa "Não há Deus como Alá, e Maomé é seu profeta".

Entre os principais elementos fundantes da doutrina islâmica estão a figura de Maomé e de sua revelação – considerada divina para os seguidores – e o monoteísmo herdado do profeta:

- **Monoteísmo**: Cabe dizer que *Alá* não é um nome próprio, e sim a palavra árabe para *Deus*, a qual já havia sido utilizada por judeus e cristãos árabes. A raiz é a mesma da palavra *El* (termo cananeu), que indica o nome divino para o judaísmo. Contudo, vale dizer, *Alá* também é o nome da divindade da lua na antiga religião politeísta árabe.

- **A revelação dada por Deus a Maomé**: Os muçulmanos creem que Deus se revelou ao homem em três ocasiões: a primeira para Moisés; a segunda para Jesus Cristo, a quem reconhecem como profeta; e a terceira e, mais perfeita de todas, para Maomé.

No tocante à prática religiosa, o islamismo firma-se nos cinco pilares da religião muçulmana: o **testemunho**; a **oração**; o **jejum no mês do Ramadã**; o *zakat*; e a **peregrinação a Meca**. No início da breve explanação sobre cada um desses pilares do Islã, serão utilizados alguns trechos citados do Alcorão, ao final dos quais indicamos a sura em questão e o respectivo versículo em que se encontram.

Testemunho

"Deus dá testemunho de que não há mais divindade além d'Ele; os anjos e os sábios O confirmam Justiceiro; não há mais divindade além d'Ele, o Poderoso, o Prudentíssimo" (O Alcorão 3,18).

O testemunho feito pelo muçulmano deve apresentar os dois elementos já mencionados por nós anteriormente: o único Deus verdadeiro é Alá, e Maomé é seu profeta. O primeiro requisito para alguém se tornar muçulmano é proclamar esse texto e entendê-lo com seu coração. Além da crença em Alá, o fiel precisa crer que tudo aquilo que Maomé disse vem de Deus e, portanto, não pode ser questionado.

Oração

"A oração é uma obrigação prescrita aos crentes, para ser cumprida em seu devido tempo" (O Alcorão 4,103).

Figura 2.12 – Mesquita[33] de Al Imam Ali Ibn Abi Talib, em Curitiba (PR)

Embora a oração seja fundamental em todas as religiões monoteístas, no islamismo ela tem um caráter obrigatório e deve ser feita, pelo menos, cinco vezes ao dia: ao amanhecer; ao meio dia; durante a tarde; ao entardecer; e durante a noite. Para participar das orações, o fiel deve realizar um banho ritual para se purificar das impurezas deste mundo.

---

33 Local onde os muçulmanos se reúnem para orações.

Jejum no mês do Ramadã[34]

Ó fiéis, está-vos prescrito o jejum, tal como foi prescrito a vossos antepassados, para que temais a Deus. Jejuareis determinados dias; porém, quem de vós não cumprir o jejum, por achar-se enfermo ou em viagem, jejuará, depois o mesmo número de dias. Mas quem, só à custa de muito sacrifício, consegue cumpri-lo, vier a quebrá-lo, redimir-se-á, alimentando um necessitado; porém, quem se empenhar em fazer além do que for obrigatório, será melhor. Mas, se jejuardes, será preferível para vós, se quereis sabê-lo. O mês de Ramadan foi o mês em que foi revelado o Alcorão, orientação para a humanidade e evidência de orientação e Discernimento. Por conseguinte, quem de vós presenciar o novilúnio deste mês deverá jejuar; porém, quem se achar enfermo ou em viagem jejuará, depois, o mesmo número de dias. Deus vos deseja a comodidade e não a dificuldade, mas cumpri o número (de dias), e glorificai a Deus por Ter-vos orientado, a fim de que (Lhe) agradeçais. (Alcorão 2,183-185)

O jejum muçulmano, que acontece durante o mês do Ramadã, inicia-se com o nascer do sol e termina com o pôr do sol. Durante todo esse período, o fiel deve abster-se de qualquer tipo de alimento e bebida, relações sexuais e tabagismo. Tem o objetivo de trazer a disciplina ao povo, além de trabalhar na purificação do corpo e da mente do muçulmano.

---

34 O Ramadã é o nono mês do calendário islâmico. Como se trata de um calendário lunar, a data não é fixa nos calendários ocidentais. O mês de jejum dura 29 ou 30 dias, a depender do ciclo lunar. Por exemplo, em 2018, o Ramadã foi de 16 de maio a 14 de junho; já em 2019, aconteceu de 5 de maio a 3 de junho.

Zakat

"E lhes foi ordenado que adorassem sinceramente a Deus, fossem monoteístas, observassem a oração e pagassem o Zakat; esta é a verdadeira religião" (O Alcorão 98,5).

O termo *zakat*, traduzido como "caridade" (ou "esmola"), é utilizado como oferta voluntária cuja destinação está presente no Alcorão. Ela deve ser destinada a órfãos, viúvas, endividados, funcionários responsáveis pela arrecadação do próprio *zakat* e toda obra de multiplicação do islamismo ao redor do mundo. O valor da contribuição é de aproximadamente 2,5% da renda e deve ser entregue uma vez por ano.

Peregrinação a Meca

"A peregrinação à Casa é um dever para com Deus, por parte de todos os seres humanos, que estão em condições de empreendê-la; entretanto, quem se negar a isso saiba que Deus pode prescindir de toda a humanidade" (O Alcorão 3,97).

Todo muçulmano deve empreender uma viagem até a cidade de Meca no mês sagrado, pelo menos uma vez na vida. A tradição de Meca como centro religioso é muito antiga e sua história é curiosa. Segundo a tradição, a Caaba foi edificada por Abraão e seu filho Ismael há cerca de 4 mil anos.

Figura 2.13 – Cidade de Meca durante a peregrinação

Orhan Durgut/Shutterstock

Deus teria dado ao patriarca a ordem de que os homens deveriam visitar a Caaba. Essa edificação é coberta por um tecido negro e os muçulmanos devem participar das cerimônias realizadas nesse local (Figura 2.14).

Figura 2.14 – A Caaba

Irfan Mulla/Shutterstock

Cultura da fé: elementos de comparação entre religiões

As condições para a viagem a Meca estão bem claras no Alcorão. Aquele que viaja deve deixar para a família suprimentos e dinheiro suficientes para que ela possa suportar sua ausência; não se deve, em hipótese alguma, utilizar dinheiro ilícito para a peregrinação, sendo necessário, então, que o peregrino tenha condições financeiras para tal.

2.3.3 Relação entre ética e religiosidade

No Islã não existe distinção entre política e religião. Todas as obrigações éticas, morais e sociais estão baseadas no Alcorão. A ética muçulmana se preocupa com a justiça. Para os muçulmanos, não há violência aberta e violência sutil, o que existe é apenas justiça e injustiça. É permitido defender-se da injustiça e da tirania. É nesse ponto que alguns radicais islâmicos encontram legalidade na prática de atos terroristas.

Vale lembrar que as facções extremistas são minoria dentro do mundo islâmico. O uso do termo *fundamentalismo*[35], muito empregado em nossos dias no contexto islâmico, pode ser perigoso. A palavra tem origem no verbete *fundamento*, cujo sentido concreto é de "alicerces de uma casa". Portanto, não é correto afirmar que apenas o islamismo é fundamentalista. Esse conceito, foi criado no Ocidente cristão no século XVII como uma forma de resistência ao liberalismo que surgia na Europa no período. O fundamentalismo não é, pois, exclusividade dos muçulmanos, tendo em vista que pode ser de cunho religioso, político ou ainda ideológico – como vimos, em

---

35 Sobre esse assunto, consulte a obra do professor Martin N. Dreher (2002), *Para entender o fundamentalismo*, que esclarece e explica de forma completa como surgiu a ideia de que o Ocidente representa o mal para o Oriente e por que existe ódio do mundo muçulmano pelo Ocidente capitalista.

sua origem, o termo foi cunhado com ênfase positiva, tendo, posteriormente, recebido a conotação pejorativa que o atrela a atos de violência. Essa distinção é importante para aqueles que querem aprofundar seus estudos sobre o mundo muçulmano. Os homens que lançaram os aviões nas torres do World Trade Center e no Pentágono em 2001 o fizeram por terem grande convicção de que estavam contribuindo na luta do mal contra o bem. Porém, em seu discurso de vingança, George Bush usou um raciocínio semelhante, o de querer acabar com o mal que havia sido ali estabelecido. Em última análise, todos os fundamentalistas são parecidos, uma vez que, tanto no campo religioso como no campo político, vidas humanas são desprezadas em nome de uma verdade única – seja ela o sistema capitalista, seja ela uma religião. Esses grupos extremistas são efeitos colaterais do colonialismo europeu, cujo principal objetivo era extrair a matéria-prima necessária. Esse sistema foi bastante traumático para as sociedades oprimidas pelos ocidentais, o que fez com que o ódio entre orientais e ocidentais gerasse os fatos aos quais assistimos confortavelmente em nossos lares todos os dias.

No campo da interação entre as religiões, os muçulmanos aceitam o diálogo com as outras duas religiões monoteístas, uma vez que enfatizam o culto monoteísta e, segundo eles, compartilham do mesmo Deus (Scherer, 1995).

A prática da caridade (ou *zakat*) é uma maneira de diminuir as barreiras sociais. O Islã é uma grande nação espalhada por todo o mundo, cujo ponto de união é a fé muçulmana. Todos devem envolver-se na missão de diminuir as diferenças mediante a partilha e o pagamento do *zakat*. Maomé enfatizou a necessidade de auxiliar os pobres.

Síntese

Veja a seguir um resumo dos principais conceitos apresentados neste capítulo, todos os quais se constituem em elementos necessários ao entendimento das características da religião judaica, do cristianismo e do islamismo.

- O judaísmo é uma religião histórica, ou seja, tem toda uma doutrina baseada nos relatos de sua história, que teve início há aproximadamente 3.800 anos.
- Após a queda do Segundo Templo de Jerusalém, o centro do ritual judeu passou a ser a sinagoga e os lares das famílias.
- No judaísmo, os homens são os responsáveis pelo serviço na sinagoga, e as mulheres são responsáveis por organizar os ritos domésticos e ensinar aos filhos a tradição religiosa.
- Os textos sagrados dos judeus são a Torá (ou o Pentateuco da Bíblia cristã), o Talmude, formado por comentários antigos acerca da lei, e demais textos do Antigo Testamento, que são utilizados como complemento do serviço nas sinagogas.
- Para os judeus, a ética e a religião devem caminhar lado a lado, razão pela qual a conduta social deve condizer com a prática religiosa.
- O cristianismo, como religião, surgiu com os seguidores de Jesus Cristo, para os quais este era o Messias até então esperado pelos judeus.
- Ao longo de seus mais de 2 mil anos de história, a Igreja cristã sofreu duas divisões principais: o Cisma do Oriente, em 1054, e a Reforma Protestante, no século XVI. Ambas causaram reações da Igreja Católica Romana.
- Embora existam discrepâncias entre as doutrinas cristãs, todas elas devem estar centradas na figura de Cristo, na ressurreição deste e na Bíblia como a palavra de Deus.

- Ainda que muitos homens e líderes cristãos não tenham entendido a ética cristã – uma vez que desencadearam muitas atrocidades em nome de Deus (como as Cruzadas e a Santa Inquisição) –, para o cristianismo o ser humano foi feito à imagem e semelhança de Deus e, portanto, deve ser tratado como tal.
- Podemos encontrar pontos do cristianismo em toda a cultura ocidental, que foi moldada de acordo com a fé de cada uma de suas sociedades, entre as quais estão as bases para o sistema capitalista.
- O islamismo surgiu no século VII pela ação de Maomé, a quem os adeptos da religião consideram profeta.
- As bases do islamismo estão na aceitação do profeta Maomé como o porta-voz de Deus e na crença em um único Deus: Alá.
- No âmbito do islamismo existem dois grupos principais: os xiitas e os sunitas.
- A prática do islamismo está pautada em cinco pilares fundamentais: a oração; o testemunho; a *zakat;* o jejum no Ramadã; e a peregrinação até Meca.

Indicações culturais

JOSEFO, F. **A história dos hebreus**: de Abraão à queda de Jerusalém. 8. ed. Rio de Janeiro: Cpad, 2004.

Trata-se de um clássico escrito por um judeu do século I, ou seja, por uma testemunha ocular da diáspora e da destruição do Templo pelos romanos em 70 d.C. O autor retoma a narrativa histórica de Israel contida no Antigo Testamento até a diáspora.

LE GOFF, J. **Mercadores e banqueiros na Idade Média**. Tradução de Antonio de Pádua Danesi. São Paulo: M. Fontes, 1991.

Essa obra, escrita por um medievalista francês, aborda a questão do comércio e a situação judaica em relação aos cristãos mediterrâneos durante a Idade Média.

ROCHA NETO, N. da S. **O entre-lugar**: a representação do purgatório na Baixa Idade Média. 9 set. 2008. Disponível em: <http://www.consciencia.org/o-entre-lugar-a-representacao-do-purgatorio-na-baixa-idade-media>. Acesso em: 15 jun. 2019.

Esse interessante artigo de Nicomedes da Silva Rocha Neto descreve como teria nascido o Purgatório, cuja compreensão, para o autor, é fundamental para entender a concepção espiritual da época medieval e a influência que sofremos ainda hoje da geografia desse "entrelugar".

Atividades de autoavaliação

1. Quais são as divisões doutrinárias do judaísmo?
   a) Judaísmo ortodoxo; judaísmo reformista; e judaísmo conservador.
   b) Judaísmo tradicional; judaísmo ortodoxo; e judaísmo conservador.
   c) Judaísmo ortodoxo; judaísmo reformista; e judaísmo tradicional.
   d) Judaísmo tradicional; judaísmo conservador; e judaísmo sionista.
   e) Judaísmo ortodoxo; judaísmo conservador; e judaísmo sionista.

2. Quais são as linhas de judaísmo contemporâneo que não são aceitas pelas correntes tradicionais da religião?
   a) Judaísmo messiânico; judaísmo sionista; judaísmo babilônio; e judaísmo ateístico.
   b) Judaísmo messiânico; judaísmo caraíta; judaísmo samaritano; e judaísmo cristão.
   c) Judaísmo messiânico; judaísmo caraíta; judaísmo samaritano; e judaísmo ateístico.
   d) Judaísmo messiânico; judaísmo sionista; judaísmo samaritano; e judaísmo ortodoxo.
   e) Judaísmo messiânico; judaísmo caraíta; judaísmo samaritano; e judaísmo reformista.

3. Por que o cristianismo foi adotado por Constantino no século IV?
   a) A adoção do cristianismo por Roma foi uma medida espiritual: com base na conversão do imperador, toda a extensão do Império dobrou-se à doutrina e às práticas cristãs, em um excelente exemplo de como a religião transforma realidades.
   b) A adoção do cristianismo por Roma foi uma medida política: com a crescente conversão de opositores ao Império, Constantino adotou a conversão coletiva como estratégia para permanecer no poder.
   c) A adoção do cristianismo por Roma foi uma medida espiritual: após uma teofania, que foi descrita em sua biografia, Constantino encontrou no cristianismo sua missão de vida, transformando-se em um agente de evangelização como Paulo o fora séculos antes dele.
   d) A adoção do cristianismo por Roma foi uma medida econômica: com a crescente conversão da população do Império, iniciou-se uma grande migração das cidades pagãs – em

essência – para o campo, onde havia liberdade de culto para os neófitos. Esse esvaziamento das cidades gerou queda na arrecadação dos impostos, levando Constantino a "cristianizar" todo o Império.

e) A adoção do cristianismo por Roma foi uma medida política: em decorrência da decadência política e econômica romana, o cristianismo passou a ser uma força considerável.

4. Quais são as quatro maneiras de enxergar a Ceia do Senhor?
   a) Eucaristia; ceia da Igreja; consubstanciação; e presença espiritual de Cristo.
   b) Eucaristia; Ceia do Senhor; substanciação; e presença espiritual de Cristo.
   c) Eucaristia; Ceia do Senhor; consubstanciação; e presença espiritual de Cristo.
   d) Eucaristia; Ceia do Senhor; consubstanciação; e presença real de Cristo.
   e) Eucaristia; ceia da Igreja; consubstanciação; e presença real de Cristo.

5. Quais são os cinco pilares do islamismo?
   a) Os cinco pilares da religião muçulmana são: a honestidade; a oração; o jejum no mês do Ramadã; o *zakat*; e a peregrinação a Meca.
   b) Os cinco pilares da religião muçulmana são: o testemunho; o estudo do Alcorão; o jejum no mês do Ramadã; o *zakat*; e a peregrinação a Meca.
   c) Os cinco pilares da religião muçulmana são: o testemunho; a oração; o jejum no mês de Meca; o *zakat*; e a peregrinação a Ramadã.

d) Os cinco pilares da religião muçulmana são: o testemunho; a oração; o jejum no mês do Ramadã; o *zakat*; e a peregrinação a Meca.

e) Os cinco pilares da religião muçulmana são: a honestidade; o estudo do Alcorão; o jejum no mês do Ramadã; o *zakat*; e a peregrinação a Meca.

Atividades de aprendizagem

Questões para reflexão

1. Faça uma análise acerca dos detalhes das três religiões monoteístas – judaísmo, cristianismo e islamismo – com o objetivo de tornar mais claro o fato de que, ainda que existam muitas diferenças entre elas, há uma raiz comum compartilhada. Essa reflexão nos ajuda a procurar pelo diálogo inter-religioso, tão importante em dias de intolerância e polarização acentuada em diversos campos da sociedade humana.

2. De que maneira o entendimento dos pilares e da doutrina das três religiões estudadas neste capítulo pode ser incorporado em seu dia a dia? Por exemplo, os muçulmanos praticam jejum sistemático em ocasiões especiais, os judeus associam práticas éticas à própria religiosidade e os cristãos fazem um memorial para recordar a morte e a ressurreição de Cristo. Pensando nisso, quais dessas práticas em comum você pode adotar?

Atividade aplicada: prática

1. Considere o excerto a seguir.

   > *De olho em um mercado que movimenta cerca de US$ 2,1 trilhões no mundo e US$ 1 bilhão apenas no Brasil (segundo a Federação das Associações Muçulmanas), muitas empresas têm dedicado esforços para atender às altas exigências dos selos Halal e Kosher. As duas certificações são garantias de que os produtos ou alimentos foram fabricados seguindo os preceitos das religiões islâmica (certificação Halal) e judaica (certificação Kosher). Os selos beneficiam a entrada no mercado internacional, melhoram a reputação da marca, reduzem falhas e perdas, além de conferirem uma importante vantagem competitiva às empresas.* (Thema RP, 2018)

   Uma das práticas judaicas citadas em nosso estudo tem relação direta com a alimentação. A chamada dieta *kosher*, ou *kasher*, apresenta um cardápio específico com alimentos permitidos pela religião judaica, bem como uma maneira de preparo que segue os preceitos judaicos. Empresas brasileiras têm se especializado nesse mercado para oferecer produtos que sigam a doutrina dessa religião. Faça uma relação dos alimentos permitidos nessa dieta e indique aqueles que são proibidos.

capítulo três

Religiões do Oriente e religiões do Extremo Oriente

03

Neste capítulo, vamos entrar no universo das variadas religiões orientais. Conhecendo-as, como temos mencionado ao longo desta obra, é possível praticar o estabelecimento do respeito tão necessário para o diálogo inter-religioso e perceber que, a depender do contexto – o de crises, por exemplo –, novos movimentos religiosos surgem como resposta a tensões sociais, econômicas, filosóficas etc.

3.1 Religiões do Oriente

Nesta seção, vamos ver como surgiram algumas religiões de origem indiana e asiática, mais precisamente o hinduísmo e o budismo, compreendendo que as diferenças entre ambas são muitas vezes advindas de interpretações diferentes dos ensinamentos de seus fundadores.

3.1.1 Hinduísmo

É importante, neste momento, estar preparado para conhecer um mundo novo de conceitos, visões de mundo e religiosidade. O mundo oriental é bastante distinto daquele com que estamos acostumados, se consideradas a mente e a interpretação ocidentais relacionadas ao assunto. Portanto, é necessária uma dose extra de atenção para absorver as visões hindu e budista do mundo ao redor.

Tendo em vista o caráter didático desta obra, adotaremos neste e no próximo capítulo a mesma estrutura de tópicos que utilizamos no anterior. Dessa forma, você poderá comparar com maior facilidade cada uma das religiões e verificar como se inter-relacionam (Medeiros, 2016a).

O hinduísmo tem uma estrutura diferente de tudo aquilo que já vimos em nossa jornada religiosa. De todas as religiões que examinaremos até o final deste livro, ela é a única que não tem um fundador instituído nem um sistema religioso centralizado. Não existe uma liderança única nem um sistema de adoração único. Com aproximadamente 330 milhões de deuses e cerca de 3 mil castas, cada uma das quais com regras e rituais específicos, razão pela qual apresenta muitos pormenores e muitas variações, o hinduísmo é uma religião muito complexa de ser analisada de maneira profunda.

Mais uma vez, vale dizer, buscamos aqui salientar informações provenientes de praticantes das religiões mencionadas, pessoas que realmente acreditam que sua religião é verdadeira e que a seguem com fé, independentemente de qual esta seja. Muitas vezes, acabamos por limitar nossa visão e nosso entendimento particulares sobre o assunto ao atribuirmos o conceito de *fé* apenas a nosso **reduto religioso, quando, na verdade, a definição de** *fé* abrange até aqueles que dizem não tê-la. Até mesmo ateus precisam de fé para não acreditar em algo sagrado. A própria teoria do Big Bang, no sentido prático, é uma questão de fé, uma vez que é impossível comprovar que o Universo teria surgido de uma explosão cósmica.

Uma das possibilidades é conceituar *fé* (do grego *pistia* e do latim *fides*) como a firme convicção de que algo é verdade, sem a necessidade da prova de que esse algo seja verdade, pela absoluta confiança depositada nesse algo ou em alguém.

História

A principal característica do hinduísmo é sua extrema diversidade. O número sem fim de deuses que abarca evidencia o grande triunfo que carrega: ter permanecido como uma única religião mesmo com tantos elementos distintos. Essa é, na verdade, uma característica do politeísmo.

Uma vez que não se conhece seu fundador, o mais correto é dizer que o hinduísmo surgiu de uma mescla de outras religiões que nasceram após a migração de povos indo-europeus para o norte da Índia há cerca de 3 mil anos. O nome *hinduísmo* significa apenas "indiano", o que indica ser uma religião que nasceu na Índia e permanece restrita a esse país e aos locais para onde seu povo migrou ao redor do mundo.

Uma grande peculiaridade dessa religião é que, diferentemente do que ocorreu com o cristianismo, o judaísmo e o islamismo, o hinduísmo primitivo – ou seja, sua gênese – não sofreu muitas alterações ao longo de sua história (Medeiros, 2016a).

Estabelecer uma data específica de início dessa religião é tarefa complexa. Estudiosos têm atribuído uma data aproximada entre 1500 a.C. e 200 a.C. Esse começo deve estar associado à ocupação dos povos arianos no vale do Rio Indo. Esses povos têm sua origem no Mediterrâneo Oriental e acredita-se que seus vestígios mais antigos datam de 8000 a.C. Eles migraram por toda a Ásia, Índia e

Europa. A miscigenação com os povos nativos resultou na formação de gregos, romanos, celtas e indianos, entre outros.

É interessante notar que o termo *ariano* foi utilizado por Hitler e pelos intelectuais do nazismo para estabelecer a prática de genocídio. O líder germânico buscou mostrar que os indivíduos da "raça ariana", ou seja, os alemães, eram racialmente superiores a judeus, ciganos etc. Trata-se de um tremendo contraponto, na medida em que os arianos são, originalmente, um povo proveniente da mistura de vários outros povos.

As três principais fases do hinduísmo

Didaticamente, é possível dividir o hinduísmo em três principais fases: hinduísmo védico (primitivo), hinduísmo bramânico e hinduísmo híbrido.

Na primeira fase, a do **hinduísmo védico**, que podemos chamar de *hinduísmo primitivo*, o que predominava eram os cultos a deuses tribais, o principal dos quais era Dyaus, que significa "deus do céu". É com base nesse deus que todos os outros passaram a existir. Ele é o grande responsável pela agricultura, pelas chuvas e pela fecundidade. Nesse período, já havia distinção entre deuses maiores e menores, porém restritos a elementos da natureza, como pedras, árvores, montanhas, raios e tempestades.

A segunda fase, conhecida como *Vedanta* (termo cujo significado é "fim dos Vedas"[1]), após a introdução do deus Brahma (**hinduísmo**

---

1 Os Vedas são escritos sagrados do hinduísmo e, por conseguinte, da Índia, território da religião. De maneira prática, são escrituras originais dos ensinamentos dos hindus que contêm o conhecimento espiritual e prático para a vida do fiel. A palavra *Veda*, que significa "sabedoria", "conhecimento" ou "visão", deve ser compreendida como uma tradução do vocabulário dos deuses para a língua humana. Essas leis determinaram a legislação, os costumes, a cultura a religião do povo hindu. Toda a vida do fiel encontra respaldo nos Vedas, do nascimento até a morte.

bramânico), é a mais longa e duradoura da história do hinduísmo. Com o estabelecimento dos arianos e sua influência contínua, o panteão hindu se dividiu e passou de um só deus para uma tríade: Brahma, Vishnu e Shiva. Esses deuses representam, respectivamente, a força criadora, a força preservadora e a força destruidora. Os demais deuses existiriam com a permissão desses três. O sistema religioso se tornou, então, mais elaborado, e foi nesse período que se estabeleceram as castas indianas. Os sacerdotes, ou brâmanes, foram convencionados, e os templos começaram a ser edificados em honra aos mais diversos deuses. A ideia de reencarnação também é originária dessa fase do hinduísmo.

A terceira e atual fase, o **hinduísmo híbrido**, é oriunda da influência no islamismo e, principalmente, do cristianismo. No século XII, a Índia foi invadida por muçulmanos, quando muitos hindus foram forçados à conversão. O ápice desse conflito entre hindus e muçulmanos foi a criação do Estado do Paquistão, que foi apartado do território antigo da Índia, o que separou o povo em dois grupos. No século XVIII, o cristianismo entrou na história da Índia com a chegada de missionários cristãos, em especial os católicos, que influenciaram a sociedade e a religião. Por meio das ideias de fraternidade, solidariedade e igualdade de todos perante Deus, o sistema de castas passou a ser obsoleto e, em 1947, foi abandonado pelo governo indiano. Embora isso não queira dizer que esse sistema social milenar tenha acabado de uma hora para a outra (uma vez que, na prática, ele continua em operação por estar enraizado na cultura e na sociedade indiana), trata-se de um grande passo para a inclusão social e uma tentativa de diminuir a miséria que reina na Índia. Foi também nessa fase que surgiram movimentos de não violência, como o liderado por Mahatma Gandhi no século XX.

Doutrina

Para compreender de forma abrangente o hinduísmo, é necessário entender alguns conceitos primordiais. O principal deles, provavelmente, é aquele que trata da **imortalidade da alma humana**. Segundo essa premissa, após a morte, o hindu pode renascer em uma casta mais alta ou mais baixa ou, ainda, em um animal (seja ele vertebrado, como uma vaca ou um cachorro, seja invertebrado, como uma mosca ou uma aranha). O que determina a maneira como essa transição entre vidas vai acontecer é o **carma** da pessoa. Com base nisso, é possível entender por que os hinduístas são vegetarianos – o animal é considerado uma alma em busca de elevação espiritual e matá-lo representaria a interrupção dessa evolução, fazendo com que ela retornasse mais uma vez ao mesmo estágio anterior ou até mesmo a um estágio inferior (Medeiros, 2016a).

O carma

O carma tem origem no sânscrito[2] e quer dizer "ato". Esse ato se traduz por atitudes físicas e por pensamentos e palavras que se proferem – trata-se, resumidamente, de um ciclo de causa e efeito. O interessante é que essa ideia cíclica da alma rumo a algo maior não é exclusividade do hinduísmo. O elemento inovador nesse sistema religioso é o fato de que a vida atual do indivíduo é vista não como punição ou uma espécie de prêmio pelo carma da vida anterior, mas como uma espécie de lei natural, imutável. Para o hinduísta, o que interessa são os atos desta vida, uma vez que são eles que determinam o que ocorrerá com a alma na próxima jornada.

---

2   Língua antiga usada no passado nos territórios onde hoje se encontram a Índia e o Nepal. Tem grande importância ritual para religiões como o hinduísmo, o budismo e o jainismo, embora seja considerada uma língua morta nos dias atuais.

Pela doutrina do carma, é possível sustentar um sistema social muito desigual, como o de castas. Se, por exemplo, um homem nasce miserável, isso é um efeito natural de como ele (ao ler *ele*, entenda-se "sua alma") agiu e se desenvolveu na vida anterior. Não há nada a fazer, somente buscar a elevação espiritual individual para que a sorte seja melhor na próxima vida.

A lei natural de causa e efeito se aplica aqui da mesma forma que se aplica ao cristianismo e ao judaísmo. E qual é a diferença aqui? Para o hinduísmo, o final da história pode ser praticamente eterno, ao passo que, para os outros dois exemplos, não existe a opção de uma segunda chance em outra encarnação.

Quais caminhos seguir no ciclo de encarnações?
Como mencionamos no início, o hinduísmo é diverso, razão pela qual não tem uma doutrina religiosa estável e aceita por todos os seus membros. A única questão a ser respondida pela religião é: "Como é possível romper o ciclo de reencarnações?".

Explicamos brevemente quais foram os principais períodos históricos do hinduísmo, em cada um dos quais há uma diferente visão de como proceder. O importante aqui é entender que não existe um sistema rígido, que obrigue alguém a fazer algo. O caminho que cada um escolhe para se libertar da reencarnação é pessoal. Existem apenas algumas orientações gerais que podem ajudar, representadas pelo chamado **caminho das três vias**. Esse caminho pode servir de inspiração para o hinduísta.

A primeira via: o sacrifício
A primeira via a ser seguida pelo hinduísta é a do sacrifício. No período védico, o sacrifício era fundamental para manter o sistema universal. Mediante sacrifícios, era possível manter a fertilidade, as chuvas, a colheita, enfim, todo o sistema social. Como o

hinduísmo evoluiu, o significado do sacrifício é outro na religião contemporânea.

Os sacrifícios são, hoje, realizados mediante boas ações e abnegações pessoais, com o intuito de obter a felicidade, a saúde e a prosperidade. Em última instância, o sacrifício tem o objetivo de interromper o ciclo de reencarnações da alma.

A segunda via: o conhecimento

A segunda via a ser percorrida no hinduísmo é a do conhecimento. Para os hinduístas, a ignorância é o principal elemento para prender uma alma nesta existência. Nesse sentido, se o indivíduo consegue entender a verdade sobre a própria existência, ele pode romper com esse ciclo.

É importante saber, então, qual é a verdade suprema que, para os hindus, é fundamental para acabar com o sofrimento da vida terrena. A principal verdade que o hindu precisa aprender é que seu atmã[3] é o princípio espiritual do Universo, Brahma, que corresponde ao Absoluto de outras religiões, não sendo, portanto, elementos distintos, mas um único espírito. Nesse sentido, Brahma é um princípio universal, uma divindade impessoal. Poderíamos comparar essa questão ao reflexo da Lua em diversos lagos ao redor do mundo ao mesmo tempo. Nenhum dos reflexos é a Lua de verdade, mas todos refletem a luz desse satélite. O ciclo de reencarnações termina quando o ser humano entende completamente sua unidade com Brahma, voltando, assim, a fazer parte da realidade Absoluta.

É desse elemento da doutrina hindu que foi extraída a famosa afirmação relacionada ao hinduísmo de que "tudo é deus e, portanto, todos os caminhos levam a ele".

....

3   Palavra em sânscrito para *alma*.

A terceira via: a devoção

O terceiro caminho para a salvação é a via da devoção, que é a proposta mais recente do hinduísmo. É a mais aceita e a mais seguida na Índia moderna, sendo representada no livro sagrado dos hindus: o Bhagavad Gita, um poema catequético que aponta para o caminho mais fácil para a salvação. Esse livro sagrado mostra que o hindu pode se aproximar dos deuses de maneira desinteressada, ou seja, sem buscar ganhos ou bênçãos. Com isso, em razão da misericórdia divina, o indivíduo é salvo.

Isso não acaba com as outras duas vias, apenas evidencia que, se tanto o conhecimento quanto o sacrifício forem destinados a buscar algo em troca, não existirá benefício para a alma do indivíduo.

Essa via para a salvação do hindu mostra uma relação mais próxima com o deus ao qual ele adora. É importante lembrar aqui que existem duas percepções sobre a divindade hindu. No sentido filosófico, o hinduísmo é panteísta, ou seja, o deus é uma força imaterial que permeia tudo e todos. No sentido prático, é politeísta, ou seja, existe um panteão de deuses que supera a casa das centenas de milhões de expressões da divindade. Nas palavras do religioso hindu do século XIX Sri Ramakrishna: "Na Índia, existem tantos deuses quanto o número de devotos".

Hierarquia entre deuses

Existe uma hierarquia bastante presente no contexto divino hindu. Os principais deuses são:

- **Brahma**: o criador do mundo.
- **Vishnu**: aquele que sustenta e protege as leis naturais.
- **Shiva**: o destruidor que, de tempos em tempos, dança sobre o mundo até que dele restem apenas pedaços. Quando isso acontece, Brahma recria o Universo novamente.

Essa doutrina trinitária no hinduísmo, embora tenha relevância no âmbito acadêmico, tem muito pouco respaldo popular.

Figura 3.1 – Representações dos principais deuses do hinduísmo

Brahma	Vishnu	Shiva	Ganesha
Hanuman	Indra	Kali	Rama
Sita	Krishna	Lakshmi	Parvati
Agni	Durga	Kartikeya	Kama

Christopher PB, reddees, Basak Zeynep congur, NIKS ADS, Amit Khetani, BooDogz, Rabbihari Dutta, DDFIndia, Flux___.photography, NIKS ADS, Rangeecha, Delpixel, RealityImages e Tara Shankar Snai/Shutterstock

Existem muitas deusas no panteão hindu, bem como uma infinidade de deuses menores, que são os mais queridos pela população. Os grandes deuses se preocupam com o Universo, com a

Religiões do Oriente e religiões do Extremo Oriente 115

manutenção da natureza, ao passo que os deuses menores podem ajudar os seres humanos nos problemas cotidianos. Esses deuses podem ser de origem humana, como guerreiros, esposas fiéis, entre outros inúmeros de casos. Guardadas as devidas proporções, na relação entre os grandes deuses e os deuses menores, pode ser feita uma analogia com a relação que o catolicismo romano faz entre Deus e os santos, por exemplo.

Relação entre ética e religiosidade

A palavra que mais se aproximaria de ética no sânscrito é *darma*. A multiforme consistência do hinduísmo gerou, ao longo dos séculos, um sentimento de tolerância religiosa bastante distinta daquele dos povos monoteístas estudados no capítulo anterior. Para o hindu, cada ser humano deve buscar e encontrar o caminho para se achegar a Deus, podendo, inclusive, fazê-lo por meio de outras religiões.

Preste atenção!

Existem três conceitos que determinam a existência do indivíduo no hinduísmo: o varna, o darma e o carma. Veja a seguir a descrição de cada um deles:

1. **Varna**: Corresponde à cor da alma do indivíduo, que pode ser vista pelos líderes religiosos, os videntes. Segundo a cosmovisão hindu, é o varna que determina a casta à qual o indivíduo pertencerá.
2. **Darma**: É o dever do indivíduo dentro da casta à qual ele pertence. Existem quatro grandes grupos de castas, a partir das quais outros subgrupos existem. Nesse sentido, o darma é o alvo a ser buscado pelo indivíduo rumo à perfeição religiosa, semelhante ao conceito de ética que conhecemos.

3. **Carma**: É o conjunto de atitudes e práticas efetivamente tomadas pelo indivíduo. A comparação entre o seu darma e o seu carma determina o ciclo de reencarnações que ele terá ao longo de sua existência.

Essa aparente harmonia representada pela tolerância esconde um sistema em razão do qual a justiça social não é possível, tendo em vista que a vida é resultado do carma de cada indivíduo. No sistema de castas, é necessário que cada um passe pelas dificuldades impostas pelos deuses para que aprenda a elevar o próprio carma. Ajudar ao próximo, nesse contexto, seria impedir que a própria alma alcançasse a libertação do ciclo de reencarnações imposto pelo hinduísmo. O governo secular tenta implantar o conceito de justiça social abolindo oficialmente o sistema de castas, porém um sistema social que existe há quase dois mil anos está profundamente arraigado ao próprio conceito de hinduísmo e enraizado no cerne da própria nação indiana. O resultado da ausência de ajuda ao próximo causa uma desigualdade social muito grande em todos os níveis da sociedade indiana. O sistema de castas proporciona também a ausência de contestação do *status quo*, razão pela qual a população se mostra passiva em face das desigualdades e quanto à cobrança política dos direitos sociais (Medeiros, 2016a).

3.1.2 Budismo

Trataremos do budismo nesta ordem porque, para entendê-lo, primeiramente é fundamental ter compreendido o hinduísmo. O fundador do budismo, Sidarta Gautama, foi um hinduísta durante boa parte de sua vida. O budismo contemporâneo tem entre 170 e 230 milhões de adeptos em todo o mundo, embora sua grande área de concentração compreenda China, Japão e Tailândia, além de países menores, como Birmânia, Nepal e Laos. A grande dificuldade de concluir esse censo está em conseguir números confiáveis acerca de budistas na China.

O budismo é fruto da tolerância religiosa promovida pelo hinduísmo, sem a qual seria impossível que a doutrina de Buda fosse aceita e seguida por muitos hindus. A história de seu fundador se divide em dois momentos principais: i) a vida do Príncipe Sidarta; e ii) a vida de Buda. Embora se trate da mesma pessoa, é necessário observar a diferença entre eles, decorrente do processo de iluminação por que passou Sidarta, que o fez atingir o nirvana (conceito que descreveremos à frente) e, portanto, romper com a escravidão da alma e com o interminável ciclo de renascimentos. A doutrina de Buda se resume a seguir seu exemplo e seus ensinamentos para que também se atinja tal estado (Medeiros, 2016a).

Fique atento!

O budismo é um ótimo exemplo de como o hinduísmo é tolerante em termos religiosos: os fiéis são livres para escolher a maneira como querem se aproximar dos deuses. Porém, esse estado avançado de cultura religiosa oriunda do hinduísmo revelaria uma sociedade extremamente desigual. Podemos afirmar isso com base nos dados do Censo Indiano de 2011 (India, 2020), segundo o qual apenas 65% das mulheres são alfabetizadas, número que sobe para 74% no caso dos homens. Como efeito de comparação, essa taxa no Brasil é de 92%. Nas sociedades monoteístas, a organização social se desenvolveu em razão da relativa unidade religiosa. A contrapartida negativa no monoteísmo tem sido a intolerância religiosa, que tem matado mais pessoas que todas as guerras ao longo da história. Isso deve nos fazer refletir sobre o verdadeiro significado da religião, que é o de trazer paz e alegria para as pessoas por meio do sentimento de segurança conferido pelo cuidado de um ser superior, o real fruto que temos colhido em nossas sociedades, sejam as cristãs, sejam as islâmicas, sejam as orientais.

Curiosidade

Nossa sociedade realmente tem melhorado com a religião? Recentemente, na Índia e em outros países onde a maioria é hindu, os conflitos políticos têm aumentado e a intolerância religiosa tem surgido, fruto de governos que têm promovido perseguição aos fiéis de outras religiões, entre as quais o budismo e o cristianismo. Aparentemente, a atualização do discurso político tem afetado uma religião que historicamente é tolerante em sua essência, pois a mistura com governos que buscam como alvo a adoção do o hinduísmo por 100% da população tem trazido perseguição às minorias cristãs e budistas.

História

A história do budismo se confunde com a de seu fundador, Sidarta Gautama. É praticamente impossível separar história e mito, porém o que comumente se sabe a respeito de Buda é o que explanaremos a seguir.

Sidarta foi o filho de um rajá[4] que viveu no nordeste da Índia entre 560 e 480 a.C., razão pela qual ele era um príncipe. Sua vida

---
4   *Rajá* era o título dado a autoridades políticas régias na Índia Antiga. A palavra tem origem no sânscrito e significa "rei". É o título que dá origem aos príncipes na formação política da Índia.

foi rodeada por luxo e poder. Seu pai ouviu uma profecia que dizia que seu filho poderia trilhar dois caminhos: ou o do governo ou o do abandono completo do mundo. Para que o primeiro caminho acontecesse, o príncipe deveria ser protegido a fim de que não visse as dificuldades, a pobreza, o abandono da vida dos menos favorecidos. Para que não acontecesse esse caminho, o pai do futuro Buda o impedia de sair do palácio ao mesmo tempo que o cercava de prazeres e diversões – Sidarta teve, por exemplo, ainda jovem, um harém com dançarinas (Medeiros, 2016a).

A grande mudança na vida de Sidarta aconteceu quando, aos 29 anos de idade, mesmo contrariando a ordem do pai, saiu do palácio pela primeira vez. Naquele momento, o que ele viu o transformaria de Sidarta em Buda. Ele viu um velho, um doente, um cadáver e um monge asceta. Ao ver o velho, descobriu que a juventude inevitavelmente daria lugar à velhice; ao ver o doente, entendeu que a saúde um dia seria sucedida pela doença; e, ao ver o cadáver, percebeu que a vida daria lugar à morte. Quando Sidarta viu o monge asceta com expressão de felicidade, decidiu seguir aquela vida para encontrar a razão da existência humana. Naquela mesma noite, abandonou sua família no palácio e foi viver como andarilho. Tomado também de pura compaixão pela humanidade, sentiu um chamado para libertá-la do sofrimento.

Passou, então, a procurar os grandes brâmanes hindus para buscar a sabedoria que procurava. No entanto, a única resposta que ele ouvia era a de que deveria estudar os Vedas. Ele já havia estudado os livros sagrados do hinduísmo, quando percebeu que deveria buscar a sabedoria numa vida de ascetismo, mediante jejuns e penitências (Medeiros, 2016a). Diz a lenda que Sidarta conseguiu diminuir a alimentação até o ponto em que podia comer apenas um único grão de arroz, mas não conseguiu – ainda assim – dominar o sofrimento. Após uma busca que durou seis anos, no momento em que estava em meditação sob uma figueira, ele atingiu a "iluminação" (ou *bhodi*), tornando-se, então, um Buda, ou seja, um iluminado.

O que ele descobriu? Que todo o sofrimento do ser humano é proveniente do desejo. Assim, ao suprimir o desejo, o ser humano consegue romper o ciclo de reencarnações imposto pelos deuses. No budismo, isso recebe o nome de **nirvana**.

Para Buda, o que prende o ser humano e o faz produzir carma[5] é o desejo de viver. Ao dominá-lo, ele já não estava mais sujeito à lei do renascimento. Ele conseguiu, nesse caso, a autossalvação, ou seja, ele conseguiu, por si mesmo, alcançar a salvação. Entretanto, o deus hindu Brahma o teria instigado a contar a experiência pela qual passara a outros seres humanos, a fim de que outros pudessem alcançar o nirvana. A partir desse momento, Buda se tornaria uma espécie de guia para aqueles que quisessem ouvi-lo. Seus primeiros seguidores foram, basicamente, hindus que estavam descontentes com a proposta hinduísta e que passaram a ouvir e seguir os ensinamentos de Buda.

---

5   Como veremos, embora se aproxime da noção de *carma* presente no hinduísmo, no budismo esse é um conceito que determina a causa e o efeito de um indivíduo ao longo de sua existência. Dessa forma, caso o fiel seja agressivo ou violento com um ser vivo, sua existência será pesarosa, com sofrimento e tristeza; se, ao contrário, ele buscar ajudar e trazer felicidade a outros, sua existência será pacífica e feliz.

Figura 3.2 – Representação de Buda sob a figueira

Phanupong Ratta/Shutterstock

Buda iniciou a jornada como difusor de sua convicção em Benares (cidade da Índia localizada às margens do Rio Ganges, também conhecida por Varanasi), que era um núcleo religioso do hinduísmo, onde conseguiu os primeiros adeptos entre monges e mendigos. Acompanhado desse grupo, vagou pelo noroeste indiano por quatro décadas. Aos 80 anos, Buda adoeceu e proferiu seu último discurso a seus discípulos, com a instrução de que aqueles que com ele aprenderam durante as décadas passadas fossem seus mestres a partir de sua morte. Esses discípulos foram os responsáveis por divulgar o budismo desde então.

Luz, câmera, reflexão

Veja um interessante filme que retrata o budismo. Trata-se de *O Pequeno Buda*, que conta a história de um menino norte-americano que os budistas tibetanos acreditavam ser a reencarnação de Buda, narrando-se paralelamente a trajetória de Sidarta.

O PEQUENO Buda. Direção: Bernardo Bertolucci. França/Liechtenstein/ Itália/EUA, 1993. 135 min.

Doutrina

Todo o sistema religioso budista está baseado nos ensinamentos de Buda. Não podemos nos esquecer, porém, de que Buda cresceu e viveu no meio hinduísta, razão pela qual, vale ressaltar, muitos de seus ensinamentos encontram consonância no hinduísmo – por exemplo, na doutrina do carma, da salvação e do renascimento.

O carma

O primeiro ensinamento de Buda refere-se à escravização do ser humano pela série interminável de renascimentos. A mola propulsora desse ciclo seria o carma do indivíduo, ou seja, seus atos, seus pensamentos e seus desejos.

Para que possamos entender esse processo, precisamos pensar em nossa vida. Todos nós entendemos que algumas atitudes ou decisões que tomamos refletem em nosso futuro – algumas de maneira positiva, outras de maneira negativa. As escolhas de montar uma família, cursar uma faculdade, seguir uma vida religiosa, cada uma delas é tomada por nós com o intuito de que algo aconteça no futuro. Essa é a ideia geral do carma para hindus e budistas, com a grande diferença de que, para os budistas, isso é totalmente atrelado à vida do indivíduo, com reflexos na próxima vida. Para os budistas, as atitudes que tomamos nesta existência se refletirão na próxima. Os cristãos, por exemplo, acreditam na lei da semeadura e da colheita, algo similar ao conceito de *carma* de Buda. A diferença está no fato de que, para os cristãos, as consequências acontecem nesta vida e na eternidade, já que a reencarnação no cristianismo é condenada como um falso ensinamento no Novo Testamento.

A doutrina do carma pode ser vista por nós, ocidentais, como justa na medida em que os bons terão reencarnações boas e os maus, reencarnações más. No entanto, para os orientais adeptos dessa doutrina – a do carma –, esse ciclo é considerado uma maldição que deve ser rompida. Portanto, os orientais buscam escapar da reencarnação, ato que está profundamente ligado ao conceito de salvação para os grupos de fiéis que seguem essa doutrina.

Vimos até agora semelhanças entre hinduísmo e budismo. É necessário, daqui em diante, entender em quais pontos os ensinamentos de Buda diferem daqueles escritos nos Vedas. Para os hindus, o ser humano tem uma alma individual – atmã –, a qual sobrevive de uma encarnação para outra; tal como roupas que são trocadas pela pessoa, os corpos são trocados pela alma de um renascimento para o outro. Essa alma mantém uma semelhança com o espírito universal (Brahma). Para Buda, entretanto, o ser humano não tem nada de imutável, como a alma para os hindus. Para ele, o ser humano de hoje não é o mesmo de ontem, razão pela qual tudo é transitório e ilusório, tanto a vida como os sentimentos. Ambas as situações estão fadadas ao fracasso.

Grupos de ensinamentos budistas

No budismo, existem três grupos de ensinamentos que condensam as palavras e ordenanças de Buda: **as quatro nobres verdades sobre o sofrimento; o caminho das oito vias; e os cinco preceitos.** Não é possível afirmar, vale dizer, que esses textos sejam do próprio Buda, uma vez que datam de cerca de 500 anos após a morte do mestre[6]. Esses escritos fundamentais, no entanto, apresentam uma considerável semelhança entre as diferentes escolas budistas e são, portanto, aceitos pelos budistas como escritos do próprio mestre, transmitidos por via oral por séculos entre seus seguidores. Cada um desses grupos é importante para uma boa compreensão das doutrinas budistas.

As quatro nobres verdades sobre o sofrimento
Essas verdades significam, para Buda, que tudo é sofrimento nesta existência. Com base nelas, seria possível chegar ao que Buda chama de "o caminho do meio", representado pelo caminho das oito vias, mediante as quais se explica como romper com o sofrimento (Trungpa, 2013).

A **primeira nobre verdade** indica que a vida do indivíduo é cheia de dor. No nascimento, existe um passado de dor, um presente de dor e um futuro de dor. Nas palavras de Buda: "nascer é sofrer, envelhecer é sofrer, morrer é sofrer, estar unido com aquilo de que não gostamos é sofrer, separarmo-nos daquilo que amamos é sofrer, não conseguir o que queremos é sofrer" (Gaarder; Hellern; Notaker, 2005, p. 62). Poderíamos pensar, nesse sentido, que o budismo é uma religião pessimista, segundo a qual não existe espaço para a felicidade nem para o bem-estar. Até certo ponto, isso é verdade, porém a alegria na família e na vida monástica é reconhecida. O que deve estar na mente do fiel, entretanto, é que essas alegrias são transitórias e fadadas ao fim.

---

6 Outro exemplo semelhante, cuja menção vale a pena fazer aqui, são os próprios Evangelhos, que foram escritos após a morte (e ressurreição, para os cristãos) de Jesus. A transmissão da mensagem da morte e da ressurreição de Cristo teve início de maneira oral, até que se fez necessário repassar o texto para o papel a fim de que se pudesse percorrer toda a extensão da Igreja nascente, que corria grandes riscos em razão de ensinamentos heréticos e descontextualizados ao longo do primeiro século em que surgira.

A **segunda nobre verdade** mostra que o sofrimento do indivíduo é fruto do próprio desejo. O desejo do ser humano por prazeres faz com que ele permaneça conectado à existência. O extremo oposto, o da anulação da vida ou suicídio, também é condenado, pois pressupõe que o ser humano tenha uma alma que possa ser suprimida. O suicídio não leva em consideração a lei do carma, razão pela qual não rompe o ciclo de reencarnações.

A **terceira nobre verdade** indica que o sofrimento pode ser levado ao fim. Para que isso aconteça, é necessário que o desejo cesse. Quando se alcança esse nível de anulação do desejo, o nirvana começa. O ciclo que origina todos os problemas para o ser humano começa na ignorância, que leva ao desejo, que leva à atividade, que leva ao renascimento, que, por sua vez, leva a mais ignorância. Ao romper com a ignorância, o indivíduo passa a estar apto a atingir o nirvana.

A **quarta nobre verdade** mostra que o ser humano pode acabar com o sofrimento por meio da observação e da realização do caminho das oito vias (Gaarder; Hellern; Notaker, 2005).

O caminho das oito vias

Essa doutrina budista, tal como mencionamos, corresponde ao "caminho do meio". Buda acreditava que os extremos da vida deveriam ser evitados. Tanto uma vida de extravagâncias quanto a negação da vida pelo suicídio ou de pesadas autopenitências não ajudam a romper o ciclo de sofrimento da existência. Por essa razão, Buda optou pelo "caminho do meio", descrito por ele em oito partes (ou etapas).

Os dois primeiros passos desse caminho são a **perfeita compreensão** e a **perfeita aspiração**. O caminho começa pela extinção da ignorância do indivíduo, já que é ela que inicia o movimento da roda do renascimento. A compreensão do indivíduo deve girar em torno de como o mundo funciona, além de ser necessário entender de maneira profunda as quatro nobres verdades e a doutrina de que o ser humano não tem alma. No tocante à aspiração, o ser humano deve buscar a anulação do desejo em si mesmo, pois este é a raiz de todo o sofrimento. Por fim, Buda deve ser o ideal a ser seguido por aqueles que acreditam em seus ensinamentos (Medeiros, 2016a).

Os três passos seguintes se referem à ética budista e à sua relação com o mundo não budista, se assim podemos dizer. São eles: a **perfeita fala**, a **perfeita conduta**, e o **perfeito meio de subsistência**. A perfeita fala diz respeito à necessidade de o ser humano não proferir mentiras, falsidades, de maneira arrogante. Para Buda, o ser humano deve proceder de maneira amigável e carinhosa com todos os seres humanos; também ser incluído nesse caminho o silêncio. A perfeita conduta está relacionada com os cinco preceitos, os quais todos os que se dizem budistas devem seguir (ver tópico seguinte). O perfeito meio de subsistência diz respeito à necessidade de ter uma profissão secular que seja condizente com o caminho das oito vias – por exemplo, um dos cinco mandamentos conclama o budista a não matar qualquer ser vivo. Nesse sentido, um açougueiro que se tornasse adepto do budismo teria de mudar de profissão.

Os últimos três passos para concluir o caminho do meio são o **perfeito esforço**, a **perfeita atenção,** e a **perfeita contemplação**. Essas vias representam como o ser humano deve relacionar-se consigo mesmo e purificar-se a si próprio. O perfeito esforço ensina que o indivíduo deve evitar que pensamentos impuros, como a raiva, a inveja e a luxúria, invadam sua mente. Para tanto, ele deve esforçar-se para manter a mente pura desses pensamentos. A perfeita atenção o prepara para a meditação. Durante essa preparação, toda a atenção daquele que medita deve estar focada em um único ponto, seja uma palavra, seja uma pessoa, seja um objeto. A perfeita contemplação acontece quando todo o corpo estiver relaxado e todas as preocupações humanas se forem juntamente com as noções de tempo e espaço durante a meditação. É nesse momento que o budista acredita que pode atingir o nirvana e tornar-se um venerável, ou seja, um budista que não pertence mais à lei do carma e que, portanto, não renascerá mais.

Os cinco preceitos (ou mandamentos)
O **primeiro preceito** proíbe que se faça mal a qualquer criatura viva. Esse mandamento mostra que o pacifismo é uma das vertentes do budismo. Vários budistas já travaram guerras: acredita-se que algum soldado profissional que morra em batalha renasça no inferno ou em algum animal. No tocante à prática de comer carne, acredita-se que Buda permitia seu consumo, desde que o animal não tivesse sido morto unicamente para aquela pessoa. Para o budista, a intenção por trás da ação é o determinante para condenar ou não uma atitude, qualquer que seja.

O **segundo preceito** estabelece que alguém não deve tomar aquilo que não lhe foi dado. Não diz respeito apenas ao roubo, mas a todos os tipos de trapaça e à cobrança de negócios abusivos.

O **terceiro preceito** determina que não é possível comportar-se de modo irresponsável nos prazeres sensuais. Esse modo irresponsável corresponde a tudo aquilo que pode prejudicar outros sexualmente, como adultério, incesto, estupro, aborto e homossexualidade.

O **quarto preceito** indica que não se devem falar falsidades. Isso se refere à necessidade de falar a verdade, condenando-se a fofoca e a ira, por exemplo.

O **quinto preceito** mostra que o indivíduo não deve se deixar entorpecer com álcool ou drogas. É proibido, uma vez que o álcool ou a droga entorpece a mente e impede que a pessoa, conscientemente, obedeça aos demais mandamentos.

Nirvana

A última doutrina budista relevante para esta obra é o nirvana. Vimos nas quatro nobres leis que Buda tinha uma visão muito pessimista da vida e do papel do ser humano na Terra, para o qual não há esperança dentro do ciclo de reencarnações. Porém, a busca de Buda era atingir algo que estivesse fora desse sistema terreno. Para ele, existe algo além, algo imortal, que transcende o sofrimento humano. É, então, por meio do caminho das oito vias que o budista pode alcançar o nirvana, que significa literalmente "apagar" (extinguir) o carma, ou a inexistência deste. Para tanto, apenas boas atitudes não bastam. Buda, conforme a tradição oriental, teria renascido 547 vezes antes de atingir o nirvana. É interessante notar que o nirvana pode ser experimentado ainda nesta vida por meio da meditação como experiência transcendental. O nirvana final da vida é também conhecido como *paranirvana*, que quer dizer "extinção absoluta" ou "extinção última".

Relação entre ética e religiosidade

No momento em que Buda sofreu o processo de iluminação, o deus hindu Brahma lhe pediu que ensinasse aos homens o caminho que havia trilhado. Pela compaixão, Buda decidiu ser o guia daqueles que quisessem ouvi-lo para que também pudessem ser salvos por meio do nirvana. Nesse sentido, o modelo de Buda é um modelo que deve ser seguido pelos demais budistas, já que ser budista é comportar-se eticamente perante a sociedade, com piedade e compaixão. A caridade que fazemos hoje não serve apenas para ajudar os outros, mas para elevar nosso próprio caráter.

Figura 3.3 – Diferentes representações de Buda

jumoobo, Izzy-Belle e suronin/Shutterstock

Um bom exemplo disso são os cinco preceitos budistas (descritos em tópico anterior), aplicados na vida diária dos adeptos, sejam monges, sejam leigos.

Organização básica da sociedade budista

A sociedade budista é dividida em dois grupos principais: os monges e os leigos. O almejo de grande parte dos budistas é tornar-se um monge para poder dedicar-se exclusivamente a cuidar do caminho das oito vias. Essa categoria, porém, impõe regras muito mais **rígidas que as destinadas aos leigos**. O estilo de vida dos monges, como o de Buda, é sempre de simplicidade e abnegação. Os recursos para a manutenção dos mosteiros budistas e para a sobrevivência dos monges e monjas são provenientes de esmolas. Isso não é de maneira nenhuma considerado degradante por parte dos budistas, além de ser uma dádiva poder oferecer uma oferta a um monge budista.

A obrigação dos leigos, por sua vez, é a de sustentar financeiramente aqueles que os instruem nas práticas e nos ensinamentos de Buda. Um leigo pode passar uma temporada em retiro espiritual para meditar ou receber uma instrução especial, por exemplo. Essas duas categorias da sociedade budista são interdependentes, ou seja, para que uma delas exista, a outra deve estar em funcionamento.

O culto budista

O culto budista consiste em venerar relíquias de Buda e de outros homens santos mediante oferenda de flores e incenso. Algumas facções mais tradicionais dizem que Buda não deve ser adorado, uma vez que ele já atingiu o nirvana e, portanto, nada mais pode fazer pela humanidade. Deve-se, nesse caso, apenas seguir o exemplo dele e buscar a autossalvação.

As relíquias são itens extraídos do ente venerado. Essa é uma prática muito comum tanto no budismo quanto no cristianismo católico. No catolicismo, a veneração aos santos é permitida e acontece mediante inserção da relíquia no objeto chamado *relicário*. A relíquia pode ser um pedaço de osso do santo, do cabelo, da unha, pedaços de roupas e utensílios do santo ou ainda elementos que tenham entrado em contato com ele, como roupas.

Buda não negou a existência dos deuses hindus, como podemos imaginar num primeiro momento ao analisarmos a doutrina budista. Ele apenas "rebaixou" – se assim podemos dizer – a importância desses deuses, uma vez que, para Buda, eles também estão vinculados ao ciclo de reencarnações. É muito comum encontrar imagens de deuses hindus em templos budistas em posição secundária em relação a Buda.

Na Ásia existe uma enorme adoração e veneração a espíritos, demônios e entidades da natureza em muitos vilarejos. As pessoas procuram obter benefícios mundanos por meio dessas entidades mediante rituais diversos. Buda, nesse sentido, apresenta uma semelhança com os três deuses que estudamos no hinduísmo, responsáveis pela manutenção do Universo e por questões cósmicas. Esses demônios são conhecidos nas tradições budista e hindu como *maras*[7].

Fique atento!
É comum pensar que o budismo possa ser único em todos os países por onde exerce influência. Isso pode acontecer porque nossa visão ocidental leva em conta a "unidade", uma vez que consideramos, como pano de fundo, o cristianismo ou o judaísmo, ainda que nessas religiões existam algumas divisões e diferenças doutrinárias, como vimos nos capítulos anteriores. No Oriente, a tolerância religiosa é um conceito bastante presente nas religiões existentes. Assim, cabe observar que existem variações do budismo, assunto de nosso próximo tópico.

Diferentes linhas doutrinárias do budismo
Após a morte de Buda, seus discípulos divergiram em relação aos ensinamentos budistas e à maneira como ensinariam esses princípios. Surgiu, então, a primeira divisão do budismo: i) a filosofia Teravada, ou o caminho dos antigos – de linha mais tradicional; e ii) a filosofia Maaiana, ou o grande veículo – de linha mais liberal. A primeira linha tem respaldo no sul da Ásia, ao passo que a segunda tem influência no norte da Ásia.

---

7 São a personificação das cosmovisões não budistas. A denominação tem raiz no termo sânscrito que significa "assassinar". Nesse sentido, mara é tudo aquilo que causa interferência em nossa vida e, com isso, atrapalha o renascimento mais elevado, a libertação e a iluminação. Mara também pode ser entendido como aquilo que traz o fim dos esforços de evoluir espiritualmente. A título de curiosidade, existem quatro maras ou demônios na doutrina budista: o mara da morte; o mara que é filho dos deuses; o mara dos fatores agregados da experiência; e o mara das emoções e atitudes perturbadoras.

A principal diferença entre as duas linhas doutrinárias do budismo está no papel do indivíduo na obtenção da própria salvação. Na **Teravada**, a responsabilidade pela salvação é do indivíduo, uma vez que ele deve desenvolver as próprias habilidades espirituais e inibir seu carma mediante a meditação e o caminho das oito vias. Essa realidade se aplica tanto aos monges quanto aos leigos (Medeiros, 2016a).

A segunda linha, a **Maaiana**, prega que todos podem ser salvos, e não apenas algumas pessoas, como na Teravada. Para a linha Maaiana, Buda não é somente o guia que ensina o caminho para atingir o nirvana, ele é o grande salvador da humanidade. No pensamento tradicional, o leigo precisava se dedicar aos preceitos budistas com afinco a fim de melhorar seu carma e, assim, renascer como um monge para, então, poder atingir o nirvana. Nessa nova linha filosófica, todos podem ser salvos pela compaixão e pela compreensão daqueles que acessam o nirvana e espontaneamente decidem renunciar à eternidade para ajudar os semelhantes a alcançar esse estado. Essas pessoas são chamadas de *bodisatvas*, ou "pessoa iluminada". A única diferença entre elas e o Buda é que optaram por permanecer na Terra para ajudar as pessoas. Os que seguem a linha Maaiana dizem que o próprio Buda fez essa escolha de ajudar ao próximo. Dessa doutrina budista surgiram outras que veremos no próximo capítulo, como o budismo tibetano (ou lamaísmo) e o zen-budismo, cada uma das quais apresentam diferenças em relação ao que vimos até aqui (Medeiros, 2016a).

3.2. Religiões do Extremo Oriente

Nos tópicos iniciais deste capítulo, permanecemos basicamente no território indiano. O budismo e o hinduísmo, no entanto, romperam as fronteiras da Índia, tendo chegado até a China e o Japão, locais em que se desenvolveram de maneira mais autônoma, já que, diferentemente das grandes regiões monoteístas analisadas no Capítulo 2, não havia a prerrogativa de centralização religiosa, como no cristianismo. Com base nisso, estudar as religiões do Extremo Oriente é perceber a maneira como determinada religião chega a uma nova região e sofre mutações, com base no sincretismo de elementos autóctones existentes previamente.

Resta-nos agora, portanto, voltar nossos olhos de forma mais ampla para a China e o Japão a fim de entender o que acontece nesses locais no campo religioso. Ainda que o budismo tenha se espalhado tanto para a China quanto para o Japão, foi neste último que ele se desenvolveu de maneira mais livre.

Em ambas as nações, o culto aos antepassados (mortos) é notório. As religiões dessas localidades são, como você verá, baseadas nessa modalidade de culto. Outro ponto primordial dessas religiões é a coexistência dos adeptos. É possível encontrar pessoas que participam de várias seitas[8] e religiões ao mesmo tempo, sem que isso ofenda qualquer pessoa.

Os eventos históricos em cada uma dessas localidades é que determinaram como as religiões se comportariam nos séculos XIX e XX. O século XIX trouxe o fim do neocolonialismo europeu no Oriente, o que, por sua vez, favoreceu, entre outros elementos, a manutenção de outras visões religiosas.

---

8   Seita é o movimento religioso, político ou filosófico que, embora agregue um grande número de participantes, difere do movimento que deu origem a ele. O sentido de *seita* é o de "ser sectário", quando, portanto, existe uma ramificação do movimento original, como no caso da relação entre o budismo como religião principal e o budismo tibetano como ramificação daquele grupo principal.

Na China, particularmente, a revolução de Mao Tsé-Tung, em 1949, fez com que a religião passasse a ter um papel cada vez menor na realidade social de lá, tendo em vista que o Estado chinês buscar suprimir o culto religioso, destruindo templos e instituindo o culto nacional. Após a morte de Mao, uma pequena abertura religiosa começou a se manifestar, embora até os dias de hoje não exista liberdade religiosa na China.

Para nossa análise, vamos abordar algumas das mencionadas religiões de maneira distinta em relação ao que fizemos até aqui (isto é, com outra estrutura). Vamos analisar cada uma das religiões do extremo oriente de maneira panorâmica a fim de que você entenda os fundamentos elementares de cada uma delas. Na ordem, trataremos, então, do confucionismo, do taoismo, do xintoísmo, do Hare Krishna e das variações do budismo tradicional (entre as quais o budismo tibetano – ou lamaísmo – e o zen-budismo).

3.2.1 Confucionismo

Podemos considerar o confucionismo mais como filosofia do que como religião. Os adeptos dessa doutrina podem, vale ressaltar, participar de outras religiões. A fundação do confucionismo data, aproximadamente, do século VI antes de Cristo, sendo mais ou menos, portanto, contemporâneo de Buda. Seu fundador foi K'ung-fu-tzŭ, nome cuja grafia, na versão latina atribuída a ele pelos missionários jesuítas do século XVI, o fez ficar conhecido como Confúcio.

A religião chinesa, até o tempo de Confúcio, correspondia a um emaranhado complexo de rituais e cultos a espíritos e elementos da natureza, como a chuva, o vento e o trovão, bem como aos antepassados e ancestrais familiares. Alguns dos papéis dos imperadores chineses eram o de aplacar a ira dos deuses com a criação de templos em honra a eles e o de instituir músicos e sacerdotes para o serviço nos templos.

A história de Confúcio e de suas práticas

Confúcio perdeu o pai aos 3 anos de idade e casou-se aos 19. Com uma grande habilidade para negócios, foi escolhido como administrador dos celeiros do imperador chinês. No entanto, sua inclinação verdadeira era para o campo da filosofia, da música e das outras artes. Entrou, então, num dilema que, por sinal, é bastante comum em nossos dias: queria viver das artes, porém precisava sustentar a própria família, razão pela qual optou por uma vida dupla entre trabalho administrativo e ensino de filosofia. A situação mudaria quando, aos 23 anos, perdeu a mãe, momento após o qual abandonou o trabalho nos celeiros e passou a lecionar filosofia.

Aos 34 anos, Confúcio já tinha cerca de 3 mil alunos, muitos dos quais eram filhos da nobreza chinesa. Como a reputação dele aumentava cada vez mais, foi nomeado magistrado-chefe da cidade de Chung-Tu e, em seguida, ministro do crime, função análoga à de ministro da Justiça por aqui. Foi no exercício desse posto que Confúcio experimentou, na prática, suas técnicas filosóficas. Por meio de um estudo para levantar o histórico dos presos, ele percebeu que estes eram ignorantes (não tinham instrução). Desde então, passou a fornecer estudo e educação ao público carcerário para que, **por meio do conhecimento e do aprendizado de um ofício, os presos** pudessem prosperar e abandonar a vida de crimes. A lenda conta que os presídios ficaram vazios e os policiais perderam os empregos.

Confúcio acreditava que, se os governantes fossem bons, a sociedade seria boa; caso contrário, se os governantes fossem corruptos, a sociedade seria corrupta. Mediante um estratagema, inimigos da província onde Confúcio trabalhava corromperam o governante, e a situação voltou ao que era anteriormente. O conselheiro Confúcio, então, abandonou a cidade e passou os próximos 15 anos caminhando de uma província para outra, procurando um governante que ouvisse seus conselhos. Após a morte de sua mulher, retornou à terra natal e lá escreveu suas memórias e seus ensinamentos.

Figura 3.4 – Estátua de Confúcio em Xangai, na China

Philip Lange/Shutterstock

Com esse resumo inicial sobre a lenda do pensador chinês, nosso objetivo é evidenciar que a doutrina de Confúcio era bastante racional, ao contrário do budismo e do hinduísmo. Poderíamos associar os ensinamentos de Confúcio a uma filosofia de vida. Trata-se de uma doutrina, pois, bastante prática, sem metafísica, segundo a qual todos devem aprender a praticar o bem para que todos possam viver bem.

Influência de Confúcio e do confucionismo na China (e também no Ocidente)

Embora as ideias de Confúcio tenham influenciado a elite da China, na base dessa sociedade o culto aos inúmeros deuses dos chineses continuou sendo praticado. O mestre não era contra o culto religioso, porém não se envolveu com assuntos sobrenaturais.

Podemos considerar suas ideias, como antecipamos, mais como filosofia que como religião, no sentido estrito da palavra. Após sua morte, seus seguidores espalharam suas ideias, razão pela qual o confucionismo acabou se tornando uma espécie de religião estatal da China. Aliás, líderes passaram até mesmo a perseguir seguidores do budismo e do taoismo, por exemplo. O único princípio aparentemente metafísico abordado por Confúcio era a força criadora *Tao*, a qual, no entanto, foi mais utilizada pelo taoismo, que veremos na sequência.

Após a morte de Confúcio, muitos templos em honra ao pensador chinês foram levantados na China e seu pensamento moldaria a maneira como os governantes imperiais conduziriam os governos.

A influência confucionista na China só diminuiu após a Revolução Cultural de Mao Tsé-Tung, quando as expressões religiosas foram suprimidas. No Ocidente, muitos administradores têm utilizado os pensamentos de Confúcio para melhorar a produtividade nas empresas.

Para concluirmos nossa apresentação sobre essa doutrina, seguem alguns pensamentos de Confúcio:

> 7. O Mestre disse: "Os erros de um homem são condizentes ao tipo de pessoa que ele é. Observe os erros e você conhecerá o homem".
> 8. O Mestre disse: "Não viveu em vão aquele que morre no dia em que descobre o Caminho".
> 12. O Mestre disse: "Se as ações de alguém são guiadas pelo lucro, esse alguém provocará muitos ressentimentos".
> [...]
> 20. O Mestre disse: "Se, por três anos, um homem não se desviar do caminho do seu pai, ele pode ser chamado de um bom filho".

[...]
23. O Mestre disse: "É raro que um homem apegado às coisas essenciais perca o autocontrole".
24. O Mestre disse: "O cavalheiro procura ser suave no falar mas rápido no agir".
25. O Mestre disse: "A virtude nunca está sozinha. Está destinada a ter vizinhos". (Confúcio, 2006, p. 50-52)

Esses ensinamentos mostram o caráter prático e racional de que falamos no início da argumentação.

3.2.2 Taoismo

O livro sagrado dos taoistas é o *Tao Te Ching* (ou o livro do *Tao* e do *Te*) (Lao-Tsé, 2003). *Tao* significa a **ordem do mundo** e *Te* a **força vital**. Não se sabe ao certo quem escreveu esse pequeno livro de 25 páginas com os ensinamentos taoistas, mas a tradição oriental atribui a origem dessa religião a Lao-Tsé, pensador contemporâneo de Confúcio, que, como este, tem uma história lendária.

A história de Lao-Tsé e o desenvolvimento do taoismo

Filho de camponeses, Lao-Tsé trabalhou como faxineiro do arquivo real de sua cidade, o que lhe possibilitou acumular muito conhecimento mediante a leitura de vários livros. Assim permaneceu até os 90 anos de idade, quando abandonou o emprego por causa da **corrupção de seus superiores**. Ao tentar sair da província, foi reconhecido por um guarda, que só o deixou partir depois de escrever seu livro ali mesmo na estrada. Após sua partida, nunca mais se ouviu falar dele.

Figura 3.5 – Estátua de Lao-Tsé em Jiangsu, na China

Amir Shafin/Shutterstock

Assim como Confúcio, Lao-Tsé não elaborou uma religião nem foi essa sua intenção. Os pensamentos do filósofo e escritor aqui mencionado são bastante próximos aos de Confúcio. A diferença, no caso, é que, para Lao-Tsé, o conceito de *Tao*, como força motriz do Universo, tem um papel mais divino que tinha no confucionismo. Para Lao-Tsé, o *Tao* não pode ser descrito pelos homens, já que qualquer descrição do divino será falsa e não terá elementos que demonstrem a realidade dessa força.

No tocante à vida social, o taoismo prega a passividade em vez da atividade. Isso pode parecer estranho para os ocidentais, mas o melhor que um taoísta pode realizar é a não atividade, ou seja, não realizar nada. Nesse ponto, o taoismo difere muito do confucionismo, para o qual, como vimos, mediante a educação era possível melhorar a vida das pessoas. Para Lao-Tsé, o ser humano deveria continuar na ignorância, tal como uma criança ingênua. Para Confúcio, a administração deveria ser rígida, ao passo que, para

Lao-Tsé, toda a administração é má. Se o alvo é a não ação, então a caridade não faz sentido algum para os taoistas, embora sejam cordiais e até realizem boas obras, independentemente de a pessoa para quem o fazem ser boa ou má.

Como no caso de Confúcio, foram os seguidores de Lao-Tsé que elaboraram uma religião baseada no ensino de seu mestre, tendo, no entanto, adicionado um ingrediente aos pensamentos de Lao-Tsé: o misticismo.

O culto taoista e o *yin-yang*

Como o povo asiático estava completamente acostumado aos ritos de feitiçaria, ao culto a mortos, a demônios e a forças da natureza, esses elementos foram inseridos no culto taoista. Um exemplo desse sincretismo asiático é a ideia de Lao-Tsé de que, quanto mais "inativo" alguém ficasse, mais longevidade teria. Com base nessa ideia, os seguidores do escritor passaram a misturar esses conceitos filosóficos com rituais de feitiçaria para encontrar o elixir da vida.

Foi nesse amálgama religioso que surgiu o símbolo máximo do taoismo: o *yin-yang*, símbolo dualista que representa a força positiva (bem) e a força negativa (mal).

Figura 3.6 – *Yin-yang*

Svitlana Amelina/Shutterstock

Embora, com o passar do tempo, os pensadores chineses tenham desenvolvido muitas teorias a respeito desse símbolo, a mais conhecida delas é a que atribui o lado negro da esfera ao mundo material e o lado branco ao mundo espiritual. Os pingos em cada um dos lados representam o elo entre ambos os universos, mostrando que estão conectados entre si.

A influência do dualismo no mundo

Na Idade Média, diversas seitas dualistas surgiram em solo europeu com ideias muito próximas às das filosofias orientais, todas as quais foram subjugadas pela Igreja cristã. Entre essas seitas podemos citar o maniqueísmo, que colocava Satanás e Deus como forças iguais e contrárias. Além do maniqueísmo, o catarismo, no sul da França, acreditava, no século XII, em um mundo físico governado por um Deus mau e em um mundo espiritual governado por um Deus bom. O fiel deveria romper com o mundo físico para passar a eternidade com o Deus bom, correspondente ao Deus da Bíblia. O Deus mau do catarismo corresponde a Satanás (Medeiros, 2012).

3.2.3 Xintoísmo

O xintoísmo é uma religião sem fundador, uma vez que sua prática existe desde a Antiguidade da nação japonesa, quando ainda nem tinha esse nome, tampouco havia as regras e as normas destinadas a seus seguidores. Passou a se estruturar apenas após o século VI de nossa era graças à concorrência com o budismo, muito embora seja possível perceber, como nas outras religiões asiáticas, a utilização de elementos sincréticos por parte dos japoneses.

O Japão e o desenvolvimento do xintoísmo

O povo japonês sempre teve uma visão de mundo segundo a qual os mortos vivem em meio aos vivos. Por essa razão, o xintoísmo é a religião que pode ser definida, de maneira simplificada, como o culto aos antepassados. É por isso que é tão importante para o povo japonês ter filhos homens: é responsabilidade deles realizar as orações em memória aos mortos da família e fazer as oferendas rituais determinadas. Esses espíritos cultuados pelos japoneses recebem o nome de *kami*.

Para os japoneses xintoístas, há uma relação de interdependência entre os mortos e os vivos: os mortos necessitam dos vivos, razão pela qual existe um sistema de oferendas que estes entregam àqueles. Nessa estrutura social em que existe uma interdependência geracional, os idosos têm uma posição privilegiada na sociedade; da mesma forma, os vivos dependem dos mortos, uma vez que estes podem realizar boas ou más ações para os vivos, a depender da maneira como forem tratados.

Como o Japão é uma ilha que permaneceu praticamente isolada por muitos séculos, os japoneses produziram uma mitologia da própria criação, segundo a qual um casal de deuses criou o país. O elemento mais importante nesse contexto era a adoração à figura do imperador japonês, que perdurou até meados do século XIX. Após a Segunda Guerra Mundial, com a avassaladora derrota do Japão pelas forças aliadas, o imperador japonês Hirohito declarou falsa a "divindade" do imperador e aboliu o xintoísmo como religião estatal do governo japonês.

Figura 3.7 – Templo xintoísta no Japão

TK Kurikawa/Shutterstock

O templo xintoísta não é um lugar para pregações. É o local onde um *kami* habita e onde este é cultuado mediante certos rituais religiosos. Para um xintoísta, existem quatro aspectos fundamentais do culto: purificação, sacrifício, oração e refeição sagrada. Entre eles, podemos destacar o **sacrifício**, no qual se realizam oferendas de alimentos, dinheiro ou bebidas, além das festividades de caráter religioso que acontecem em datas especiais e consideradas sagradas. Essas atividades podem ser danças, lutas ou teatro, por exemplo.

3.2.4 Hare Krishna

Derivado do hinduísmo, o Hare Krishna é de certa forma recente, tendo sido fundada em 1896. Krishna é uma das encarnações do deus Vishnu (avatar), sendo, mais especificamente, a figura humana deste.

Para os *hare krishna*, termo cujo significado direto é "salve Krishna", este é a verdadeira divindade, e não Brahma, como no hinduísmo tradicional. O livro sagrado dessa seita é o já citado Bhagavad Gita, e outros conceitos doutrinários são muito semelhantes aos hindus – por exemplo, o sistema de castas e a lei universal do carma, razão pela qual creem também em reencarnações. O ponto interessante dessa seita é que, diferentemente dos hindus, os *hare krishna* recrutam adeptos nas ruas das grandes cidades ocidentais e se sustentam da venda de incensos e livros. Esse é um elemento novo dentro das religiões orientais, que não apresentam um apelo à pregação de suas doutrinas, como o fazem o cristianismo e o islamismo, por exemplo.

3.2.5 Variações do budismo tradicional

Outras variações do budismo tradicional podem ter origem no isolamento geográfico do Tibete ou na visão positiva da vida por meio do zen-budismo. O importante neste tópico é compreender que existem diferentes causas e razões para as variações no âmbito de uma mesma religião. Essas mudanças acontecem de maneira mais fácil quando não existe centralização bastante clara da religião, como é o caso do budismo e das religiões orientais de maneira geral.

Budismo tibetano

O Tibete é uma região geograficamente privilegiada por ser praticamente inacessível. Isso permitiu, por exemplo, que o budismo de lá se desenvolvesse de maneira distinta daquela que ocorreu na China como um todo.

A região tinha uma religião ancestral denominada *Bön*, que prestava culto a mortos, animais e elementos da natureza mediante rituais sangrentos de oferendas e sacrifícios por meio de feitiçaria. Esses rituais foram depois incorporados pelo budismo tibetano, embora, na superfície deste, ainda prevaleça o budismo. Como se trata de religião bastante singular, não é possível ter acesso a todos os elementos rituais que são internos a essa variação budista.

Quando falamos em *feitiçaria*, lembramo-nos imediatamente das bruxas e dos caldeirões cheios de objetos bizarros, por meio dos quais se busca o malefício de alguém. É interessante, porém, apresentar uma definição acadêmica a respeito do conceito:

> Doutrina dos magos para o dicionário, a magia é considerada a arte ou ciência oculta para produzir – por meio de atos, palavras e por interferência de espíritos, gênios e demônios – efeitos e fenômenos extraordinários, contrários às leis naturais. Na antropologia, designa o conjunto de saberes, crenças e práticas, relativamente institucionalizados dentro de um grupo social, que respondem à necessidade de manipular certas forças impessoais ou indecifráveis, manifestas na natureza, na sociedade ou nos indivíduos. Os gregos distinguiam três grandes categorias mágicas em sua origem: o taumaturgo (de thaumatourgós), curandeiro que fazia milagres, intérprete dos sonhos, enviado pelos deuses; o goès (que vem de lamentações, imprecações), também chamado mestre do fogo e do voo mágico, altamente suspeito por manipular a ilusão e praticar uma espécie de magia com a qual evocava os espíritos malignos. Técnico do êxtase, de quem Cassandra (profetisa detentora do "êxtase

e do entusiasmo") é a encarnação feminina, o goès *era um inspirado, primo do misterioso xamã oriental. Por último, abaixo nessa hierarquia, o* pharmakos, *apoticário dos filtros, das drogas e dos venenos.* (Hanciau, 2009, p. 76)

Uma visão mais correta daquilo seria mais próxima à figura de um druida ou alquimista que da figura de uma bruxa.

Os elementos que conhecemos desse budismo são as rodas de oração, os tambores característicos e os terços com 108 contas, utilizados para as orações. Foi possível tomar conhecimento do budismo tibetano, também conhecido como *lamaísmo*, após a invasão do Tibete pela China, em 1959, o que levou seu líder maior, o dalai-lama[9], a buscar refúgio em outros países. Hoje, o líder, que é considerado o chefe de Estado do Tibete, visita diversas nações contando o que ocorre por lá e difundindo sua doutrina.

O ponto de maior divergência entre o budismo tibetano e o budismo tradicional está relacionado à figura do líder. Para o segundo, o Buda atingiu o nirvana sem reencarnar mais, como já vimos. Para o primeiro, o líder é a reencarnação de Buda. Quando um dalai-lama morre, os líderes escolhem uma criança que tenha, segundo critérios misteriosos, a alma de Buda reencarnado. Essa criança, portanto, passa a ser o novo líder máximo dos monges tibetanos.

---

9   *Dalai-lama* é o título daquele que é tanto o líder político quanto o líder espiritual do Tibete. Após a morte de um lama, um novo é escolhido entre os discípulos por uma escola de monges sábios e aceito por todas as escolas do budismo tibetano. Ele é reconhecido como a manifestação do Avalokitechvara, o Bodhisattva da Compaixão. O atual dalai-lama, chamado Tenzin Gyatso, é o décimo quarto dessa linhagem. Ele vive como refugiado e exilado político em razão dos conflitos políticos entre a China e o Tibete.

Zen-budismo

O zen-budismo segue a linha Maaiana do budismo, a que já nos referimos anteriormente, quando mostramos a diferença entre essa vertente e a linha Teravada.

Zen significa "meditação". O elemento que mais diferencia essa doutrina da do budismo tradicional é o foco que tem na iluminação de Buda em vez de em seus ensinamentos. Ritualmente, eles atribuem muita importância à meditação e, ao contrário das demais linhas de pensamento budista, a experiência de atingimento do nirvana não é tão complexa e penosa. Ela pode acontecer na meditação ou em uma experiência mundana, como no trabalho ou na família, por exemplo.

Para os zen-budistas, a relação com a vida deve ser bastante positiva, e esta deve ser vivida sem que se criem conceitos complexos e regras para fazê-lo. Essa atitude é muito diferente da dos adeptos do budismo tradicional, como vimos anteriormente.

Existem, é claro, outras seitas de menor expressão no Oriente, as quais, no entanto, por questão de prioridade, não serão tratadas nesta obra.

Concluímos aqui o estudo das religiões orientais em nossa jornada religiosa. Esperamos que, até aqui, você já tenha descoberto conceitos novos que o ajudem a entender "os outros" e aquilo no que estes acreditam. Os próximos tópicos do livro convergem para uma "religiosidade brasileira" – as religiões indígenas e as religiões de vertente afro-brasileira serão abordadas no Capítulo 4, o derradeiro desta obra.

Síntese

Veja a seguir um resumo dos principais conceitos apresentados neste capítulo, todos os quais se constituem em elementos necessários ao entendimento das características das principais religiões orientais, mais precisamente do hinduísmo e do budismo.

- O hinduísmo é uma religião diferente das demais analisadas graças à falta de um sistema mais integrado, além da quantidade exacerbada de deuses que abrange.
- Os hindus são panteístas, ou seja, acreditam que um único Deus é a matéria de toda a criação – nesse sentido, portanto, tudo é Deus.
- Para os hindus, a salvação ocorre quando se rompe o ciclo de reencarnações e o ser humano se une a Brahma. Para isso, deve se esforçar em seguir o livro dos Vedas para melhorar o carma.
- Os sistemas de castas derivados da lei do carma mantêm os hinduístas indianos numa situação de conformismo em relação à realidade vigente. Ninguém pode questionar a posição em que nasceu, pois ela é resultado direto de suas atitudes na vida anterior.
- O budismo surgiu no seio do hinduísmo, uma vez que o fundador daquela religião era adepto desta.
- O desenvolvimento do budismo só foi possível em razão da grande tolerância religiosa dentro do hinduísmo.
- A história do fundador do budismo é uma história lendária, uma vez que é impossível verificar o que de fato ocorreu e o que é mito.
- Segundo Buda, tudo é sofrimento, transitório e efêmero. A salvação do ser humano está em conseguir romper o ciclo de reencarnações para atingir o nirvana.
- No budismo, as principais doutrinas são as quatro nobres verdades do sofrimento, o caminho das oito vias e os cinco preceitos.

- Após a morte de Buda, seus seguidores entraram em conflito em relação aos ensinamentos budistas, razão pela qual realizaram um cisma na religião: de um lado, surgiu a filosofia Teravada, mais tradicional, e, de outro, a Maaiana, mais liberal.
- Além do budismo e do hinduísmo, várias outras religiões derivadas daquelas surgiram ao longo da história.
- Muitos fundadores de culturas religiosas, como Confúcio e Lao-Tsé, não criaram religiões, mas sistemas filosóficos destinados a entender o mundo que os cercava e a maneira como se pode/deve atingir a eternidade.
- Em contexto de crise, como a Revolução Cultural da China, que aboliu as práticas religiosas no país, e a Segunda Guerra Mundial, que acabou com a crença no culto ao imperador japonês, as religiões sofreram mudanças e, muitas vezes, cresceram e se expandiram para regiões onde não existiam conflitos.
- Após a morte de seus fundadores, as religiões sofrem acréscimos de cultos mais antigos e modificam os ensinamentos mediante o sincretismo religioso, como ocorreu com o budismo tibetano e o taoismo.
- O elemento mais importante do xintoísmo é o culto aos antepassados.

Indicações culturais

DASA, R.-V. **Quem são os semideuses?** Disponível em: <http://pt.krishna.com/quem-s%C3%A3o-os-semideuses>. Acesso em: 15 jun. 2019.

Esse texto aprofunda a análise dos elementos e das características da hierarquia divina que integram o panorama da cultura e da religiosidade hinduísta.

Atividades de autoavaliação

1. Historicamente, podemos dividir o hinduísmo nas seguintes fases principais:
   a) Hinduísmo védico; hinduísmo bramânico; hinduísmo híbrido; e hinduísmo primitivo.
   b) Hinduísmo védico; hinduísmo bramânico; e hinduísmo primitivo.
   c) Hinduísmo védico; hinduísmo bramânico; hinduísmo híbrido; e hinduísmo budista.
   d) Hinduísmo védico; hinduísmo bramânico; hinduísmo híbrido; e hinduísmo animista.
   e) Hinduísmo védico; hinduísmo bramânico; e hinduísmo híbrido.

2. O que é carma e por que esse conceito é tão importante para a estrutura hindu?
   a) A noção de *carma* tem origem no termo sânscrito que quer dizer "ato". Esse ato se manifesta em atitudes físicas e pensamentos que determinam de que maneira o ciclo de reencarnações vai se manifestar no próximo ciclo de encarnação do indivíduo.
   b) A noção de *carma* tem origem no termo sânscrito que quer dizer "ato". Esse ato se manifesta em atitudes físicas e pensamentos que determinam de que maneira o indivíduo pode alcançar a plenitude e interromper o ciclo de reencarnações.
   c) A noção de *carma* tem origem no termo sânscrito que quer dizer "meditação". Essa meditação se manifesta em atitudes físicas e pensamentos que determinam de que maneira o ciclo de reencarnações vai se manifestar no próximo ciclo de encarnação do indivíduo.

d) A noção de *carma* tem origem no termo sânscrito que quer dizer "meditação". Essa meditação se manifesta em atitudes físicas e pensamentos que determinam de que maneira o indivíduo pode alcançar a plenitude e interromper o ciclo de reencarnações.

e) A noção de *carma* tem origem no termo sânscrito que quer dizer "nirvana". Esse conceito explica de que maneira o indivíduo pode alcançar a plenitude e interromper o ciclo de reencarnações.

3. Quais são as quatro nobres verdades sobre o sofrimento no budismo?

a) Primeira verdade: a vida do indivíduo é cheia de dor; segunda verdade: o sofrimento do indivíduo é fruto do próprio desejo; terceira verdade: o sofrimento pode chegar ao fim; quarta verdade: o sofrimento pode ter um fim mediante a observância do caminho das oito vias.

b) Primeira verdade: a vida do indivíduo é cheia de vida e alegria; segunda verdade: a alegria do indivíduo é fruto do próprio desejo; terceira verdade: a alegria pode ser eterna; quarta verdade: a alegria pode ser um ciclo eterno pela observância do caminho das oito vias.

c) Primeira verdade: a vida do indivíduo é cheia de dor; segunda verdade: o sofrimento do indivíduo é fruto da maldade da humanidade; terceira verdade: o sofrimento nunca chega ao fim; quarta verdade: o sofrimento pode ter um fim por meio da observância do caminho das oito vias.

d) Primeira verdade: a vida do indivíduo é cheia de dor; segunda verdade: o sofrimento do indivíduo é fruto do próprio desejo; terceira verdade: o sofrimento pode chegar ao fim; quarta verdade: o sofrimento pode ter um fim mediante a anulação do carma.

e) Primeira verdade: a vida do indivíduo é cheia de dor; segunda verdade: o sofrimento do indivíduo é fruto do próprio desejo; terceira verdade: o sofrimento pode chegar ao fim; quarta verdade: o sofrimento pode ter um fim por meio da observância dos cinco preceitos.

4. De que outra forma é conhecido o caminho das oito vias?
   a) Caminho da meditação.
   b) Caminho do meio.
   c) Caminho do nirvana.
   d) Caminho de Buda.
   e) Caminho Teravada.

5. Quais são algumas das principais linhas teológicas do budismo e quais são suas características?
   a) No budismo védico, que é mais tradicional, a responsabilidade pela salvação é do indivíduo, uma vez que este deve desenvolver as próprias habilidades espirituais e inibir o carma mediante a meditação e o caminho das oito vias. Para o budismo híbrido, linha de cunho mais liberal segundo a qual que todos podem ser salvos, Buda é o grande salvador da humanidade.
   b) No budismo primitivo, mais tradicional, a responsabilidade pela salvação é do indivíduo, uma vez que este deve desenvolver as próprias habilidades espirituais e inibir o carma mediante a meditação e o caminho das oito vias. Para os adeptos do budismo reformista, de cunho mais liberal, já que prega que todos podem ser salvos, Buda é o grande salvador da humanidade.
   c) No budismo Teravada, mais tradicional, a responsabilidade pela salvação é do indivíduo, uma vez que este deve desenvolver as próprias habilidades espirituais e inibir o carma

mediante a meditação e o caminho das oito vias. Para os adeptos do budismo Maaiana, de cunho mais liberal, já que prega que todos podem ser salvos, Buda é o grande salvador da humanidade.

d) No budismo primitivo, que é mais tradicional, a responsabilidade pela salvação é do indivíduo, uma vez que este deve desenvolver as próprias habilidades espirituais e inibir seu carma mediante a meditação e o caminho das oito vias. Para os adeptos do budismo reformista, de cunho mais liberal, já que prega que todos podem ser salvos, Buda é o grande salvador da humanidade.

e) No budismo primitivo, mais liberal, a responsabilidade pela salvação é do indivíduo, uma vez que este deve desenvolver as próprias habilidades espirituais e inibir o carma mediante a meditação e o caminho das oito vias. Para os adeptos do budismo reformista, de cunho mais conservador, já que prega que todos podem ser salvos, Buda é o grande salvador da humanidade.

6. Com base no estudo sobre as religiões do Extremo Oriente, qual é a característica mais importante na estrutura do xintoísmo?
    a) O culto aos antepassados.
    b) A meditação.
    c) O culto a Confúcio.
    d) **A filosofia de vida.**
    e) A interdependência com os mais jovens.

7. Quais são as outras vertentes do budismo contemporâneo?
    a) **Zen-budismo e budismo brasileiro.**
    b) Yen-budismo e budismo tibetano.
    c) Neobudismo e budismo tibetano.
    d) **Zen-budismo e budismo tibetano.**
    e) Neobudismo e budismo Teravada.

Atividades de aprendizagem

Questões para reflexão

1. Analise as duas grandes religiões orientais (hinduísmo e budismo) com o objetivo de identificar de que maneira a tolerância religiosa pode se manifestar na prática. Considere que só é possível compreender o surgimento do budismo tendo em vista a estrutura descentralizada do hinduísmo do qual Buda era originário.

2. Qual é sua reação quando analisa estruturas religiosas que são, de maneira geral, para os ocidentais, tão diferentes daquelas com as quais estamos acostumados? Quais foram os elementos que causaram maior estranheza e quais são os possíveis pontos de contato que você consegue estabelecer com sua própria realidade religiosa?

Atividade aplicada: prática

1. Prepare um plano de aula sobre o hinduísmo considerando como público-alvo alunos do ensino fundamental II. Nele é importante constar:
    i) tempo de aula;
    ii) tema principal;
    iii) desenvolvimento da aula;
    iv) curiosidades;
    v) aplicação prática (como o aluno pode fazer uma ponte entre o conteúdo e a própria realidade com base na aula dada).

capítulo quatro

Religiões do Brasil (das crenças nativas aos sistemas religiosos mais recentes) e ecumenismo

04

Até este ponto, analisamos diversas religiões da humanidade em suas próprias especificidades. Algumas tiveram uma inserção maior no contexto internacional e alcançaram adeptos para além de suas fronteiras originais. Nesse grupo, podemos citar o cristianismo e o islamismo, uma vez que, em grande parte, essas são religiões que buscam, como sistema de regras, a captação de novos membros para si. Outras religiões apresentam um sistema estruturado em razão do qual os adeptos simplesmente não contemplam a possiblidade de mudar de religião, como é o caso do hinduísmo. Outras, ainda, não apresentam resistência para que o adepto possa participar de outros movimentos religiosos, como no caso do budismo. Aqui cabe considerar a existência de alguns elementos que são importantes vetores de disseminação religiosa, oriundos, em grande parte, de movimentos históricos relevantes que mudaram a configuração do mundo conhecido até então. Um desses episódios foram as Grandes

Navegações, que ocorreram durante os séculos XV e XVI e cristianizaram o continente americano, incluindo o Brasil.

Nesse contexto, um elemento a ser previamente conhecido são as religiões indígenas que apresentam a mesma estrutura entre si. Antes da chegada de portugueses, espanhóis e africanos à América, já havia, vale dizer, uma série de ritos religiosos dos diferentes povos existentes, que seriam, então, alterados mediante o contato com novas culturas. Iniciaremos nosso estudo, portanto, analisando o aparecimento e o desenvolvimento das religiões brasileiras, mais precisamente a religião indígena, o cristianismo português e, por fim, as religiões africanas, oriundas do sistema escravista português no Brasil.

Fique atento!
O conceito de sincretismo religioso

Um conceito importante a ser introduzido neste momento é o de sincretismo religioso. Deixamos para abordá-lo apenas agora porque as religiões brasileiras estão mais próximas de nossa realidade e, assim, podemos compreendê-lo melhor. O processo de aculturação que ocorre quando um povo migra para outra região acontece em diversos níveis, incluindo o religioso. A religião original do migrante é confrontada com a religião local, que provoca um choque cultural do qual surge a tendência de que a pessoa envolvida adote elementos de sua religião original e faça associações com as religiões locais para ser mais bem aceita.

Nesse sentido, o sincretismo acontece quando de duas religiões originais surge uma terceira, que é fruto da mistura das duas anteriores. Isso foi muito presente no Brasil com a chegada dos missionários jesuítas, que trouxeram da Europa o cristianismo católico e se encontraram com indígenas que apresentavam formas bastante rústicas e elementares de religião.

Seguindo a trajetória das religiões brasileiras, nossa segunda parada será no século XIX, no qual houve um processo de imigração em massa no Brasil em virtude da abolição da escravatura negra, em 1888.

Nesse processo, não era apenas a mão de obra que chegava por aqui, uma vez que, por consequência, também desembarcavam em terras tupiniquins os sistemas religiosos dos imigrantes. Foi nesse momento que o espiritismo, a maçonaria, os cultos esotéricos e o protestantismo chegaram ao país para ficar.

Com o advento da globalização, foi possível tomar contato com novas religiões, seja pela TV, seja pela internet, seja ainda por influência de filmes de Hollywood, que acabam trazendo "modismos" que envolvem e aguçam a curiosidade dos jovens a respeito das crenças que as obras em questão exibem. Por fim, faremos uma discussão sobre o movimento ecumênico e como ele tem influenciado as tentativas de realizar diálogos inter-religiosos.

4.1 Religiões indígenas

Às vezes, podemos ter a impressão de que o Brasil sempre foi católico, visto que, em nossos livros de História, começamos a estudar o país a partir da chegada dos portugueses em 1500. No entanto, não podemos nos esquecer de que, antes da presença europeia, esta terra já era povoada por diversas nações indígenas, que carregavam, além de uma história milenar, uma diversidade cultural e religiosa muito grande. Não podemos, por isso, ter a mesma impressão que Pedro Álvares Cabral teve de que todos os habitantes eram iguais.

4.1.1 Breve contexto histórico-social

Não é possível determinar ao certo o número exato de nações indígenas que havia no período que antecedeu a chegada dos portugueses, porque, como a transmissão de saber indígena era feita oralmente, não existem registros históricos escritos sobre toda a história delas[1]. Com o extermínio indígena, que se iniciou em 1500, seja por assassinato, seja por escravização, seja por doenças – contra as quais eles não tinham imunidade para se protegerem –, o conhecimento de muitas nações indígenas se perdeu no tempo e no espaço.

Entre as principais tribos indígenas brasileiras em 1500, podemos citar os Tupis-Guaranis, os Jê, os Aruak, os Karib, os Pano, os Tukano, os Charrua, entre outros grupos diversos. O próprio nome *índio* já é uma denominação europeia, não sendo o termo pelo qual os autóctones se conheciam.

---

1 "Estimativas demográficas apontam que por volta de 1500, quando da chegada de Pedro Álvares Cabral à terra hoje conhecida como Brasil, essa região era habitada pelo menos por 5 milhões de índios. Hoje, essa população está reduzida a pouco mais de 700.000 índios em todo Brasil, segundo dados de 2001 do IBGE. A Fundação Nacional do Índio (FUNAI) e a Fundação Nacional de Saúde (FUNASA) trabalham com dados ainda muito inferiores: pouco mais de 300.000 índios" (Luciano, 2006, p. 27).

Figura 4.1 – Homem e mulher Tupi

ECKHOUT, A. **Homem Tupi**.
1643. Óleo sobre tela. Ethnographic
Collection. The National Museum of
Denmark, Copenhagem, 274 × 163 cm.

ECKHOUT, A. **Mulher Tupi**.
1641. Óleo sobre tela. Ethnographic
Collection. The National Museum of
Denmark, Copenhagem, 274 × 163 cm.

Figura 4.2 – Homem e mulher Tapuia

ECKHOUT, A. **Homem Tapuia**.
1641. Óleo sobre tela. Ethographic
Collection. The National Museum of
Denmak, Copenhagem, 272 × 161 cm.

ECKHOUT, A. **Mulher Tapuia**.
1641. Óleo sobre tela. Ethographic
Collection. The National Museum of
Denmak, Copenhagem, 272 × 165 cm.

Com o tempo, os portugueses dividiram os índios em dois grupos: o povo Tupi e o povo Tapuia. O povo Tupi representava todo indígena que habitava o litoral brasileiro; o povo Tapuia, por sua vez, representava todas as tribos que habitavam o interior do continente. Um detalhe importante nesse sentido não deve ser esquecido: a representação indígena pelos portugueses. Como os Tupi eram amistosos em relação aos portugueses, eles eram representados com vestimentas de feição quase europeia, ao passo que os Tapuia eram representados de forma "mais selvagem", nus. Tire as próprias conclusões com a leitura inter-relacional das Figuras 4.1 e 4.2.

4.1.2 Características gerais da religiosidade indígena

Para abordarmos os aspectos da religiosidade indígena, vale a pena resgatar alguns valores que praticamente não existem mais em nossas sociedades, como a vida em comunidade e a priorização da família em detrimento de qualquer outro elemento. Diversos rituais que, aos nossos olhos, podem parecer sem sentido e arcaicos mostram a posição que a família tem no culto indígena.

Uma figura comum utilizada pelos antropólogos europeus para identificar a importância do líder religioso indígena em geral é o xamã. Essa figura não só é responsável por todos os rituais espirituais do grupo como também é o principal conselheiro dos líderes da aldeia, tendo grande autoridade em toda a tribo. No Brasil, o termo usado para denominar o xamã é a palavra tupi *pai'ye'*, que em português se escreve *pajé*.

Para entendermos a função do pajé, precisamos compreender como funciona a cultura das sociedades tribais, as mesmas atribuições das tribos africanas que examinaremos na sequência.

Para as sociedades tribais, a família é o elemento fundamental. Mais importante que uma estrutura organizada, com fronteiras e governos, é uma unidade familiar, entre os vivos e entre os mortos. Para os indígenas, os membros da família que vêm a falecer continuam a fazer parte do contexto familiar, agora como espíritos, e auxiliam todos da tribo no tocante à comunicação com os deuses e à proteção contra as pragas e os problemas ambientais. Nesse sentido, o culto aos antepassados é uma prática comum entre os indígenas. Os espíritos dos mortos continuam interferindo nas práticas do dia a dia e, se não forem lembrados e recompensados, podem causar doenças e até mesmo a morte de indivíduos.

As doenças e os problemas do cotidiano são atribuídos a espíritos. O papel fundamental do pajé, nesse caso, é o de promover a cura mediante o ritual certo para cada tipo de espírito (Medeiros, 2016a).

Como, então, acontece a cura em um ritual xamânico? O trecho a seguir foi retirado de um estudo antropológico no qual pesquisadores, tendo convivido no contexto tribal, presenciaram rituais de cura xamânica no Maranhão:

> *Os pajés preferem curar à noite, uma das razões é que assim garantem uma audiência, o que seria difícil durante o dia, quando muitos estão para as roças. O pajé inicia a cura cantando as canções daquele sobrenatural que o seu inquérito leva a considerar como provável. Acompanha a si mesmo, marcando o ritmo da canção como uma batida forte de pé chacoalhando o maracá. Dança em volta do paciente; em geral, a família deste e alguns dos circunstantes o acompanham. A esposa ou um ajudante preparam-lhe os cigarros feitos de folhas de fumo enroladas em fibra de tawari. Um ajudante toma o maracá e o pajé preocupa-se daí por diante com a cura propriamente dita. Chupa repetidas vezes no cigarro para soprar a fumaça em suas mãos ou no corpo do paciente. Afasta-se para um lado e chupa no cigarro até que, meio tonto, recua de súbito e*

leva as mãos ao peito, o que indica ter recebido o espírito em seu corpo. Sob a influência do espírito o pajé comporta-se de maneira peculiar. Se é espírito de macaco, por exemplo, dança aos saltos, gesticula e grita como esse animal. O transe se prolonga enquanto o espírito está forte. Algumas vezes o espírito "vem forte demais" e ele cai ao chão inconsciente. É durante o transe, enquanto está possuído pelo espírito, que o pajé cura. (Wagley; Galvão, 1961, citados por Laraia, 2005, p. 8-9)

O pajé, nessa cosmogonia[2], é o elo entre os homens e os deuses ou espíritos, razão pela qual é o homem mais respeitado dentro das sociedades indígenas.

Algumas tribos brasileiras adotavam a prática da antropofagia ou canibalismo, que tem sido muito mal interpretada pelo senso comum. O objetivo principal da antropofagia era o de, por intermédio da alimentação do corpo físico de alguém, adquirir todas as qualidades e forças do corpo desse alguém.

Os pajés são também pessoas com grandes conhecimentos acerca das ervas nativas e das características medicinais das plantas autóctones. Com base nesse saber, são realizados rituais conhecidos como *pajelança*, que consistem, mediante ingestão de bebidas fortes, em provocar uma espécie de transe espiritual durante o qual receberão a visitação de espíritos e as respostas para os anseios pessoais e coletivos. A eficácia e o potencial alucinógeno desse ato são estudados pelas autoridades sanitárias, embora o consumo dessas substâncias para fins ritualísticos seja permitido pelo governo brasileiro.

Esse sistema religioso explicado até aqui se aplica a povos indígenas que ainda não sofreram influência da civilização ocidental,

---

2   É o conjunto de princípios de determinada sociedade ou cultura que buscam explicar a origem do universo conhecido.

os quais hoje, segundo informações da Fundação Nacional do Índio (Funai), totalizam apenas 46 grupos de índios isolados. Portanto, a grande maioria dos povos indígenas está, em certa medida, integrada ao contexto brasileiro e, assim, sofre o processo de aculturação e sincretismo com o cristianismo, principalmente. Movimentos de resgate da cultura indígena praticamente extinta surgem em nosso tempo a fim de buscar remontar traços dela.

4.1.3 Sincretismo entre crenças indígenas e catolicismo: o caso do santo-daime

O exemplo mais famoso de sincretismo entre religião indígena e catolicismo talvez seja a religião do santo-daime. Surgiu no início do século XX com um neto de escravos que diz ter recebido a revelação da religião de cunho cristão após ingestão da bebida indígena Ayahuasca[3].

De acordo com a narrativa sobre as origens da religião, seu fundador, Mestre Irineu, teria recebido a revelação de Nossa Senhora da Conceição em uma das primeiras vezes que tomara a bebida na década de 1930. Todo culto daimista é norteado por hinos compostos pelo Mestre Irineu, que propôs, segundo o *site*[4] oficial do culto ao santo-daime, uma nova leitura dos Evangelhos (Evangelhos segundo o santo-daime). O próprio termo *daime* tem origem nas petições de Mestre Irineu a Nossa Senhora, como em "Dai-me amor, Dai-me luz, Dai-me compreensão" etc.

A religião daimista tem alcançado certa divulgação na mídia em razão do interesse que tem despertado no público estrangeiro, em especial norte-americanos e europeus. Após a morte de Mestre

---

3   No país, por associação, a bebida também recebeu o nome de *santo-daime*.
4   Disponível em: <http://www.santodaime.org/>. Acesso em: 1º set. 2019.

Irineu, outros mestres têm se levantado para continuar o trabalho de divulgação do culto. Algumas pessoas ficam na floresta fazendo parte de uma comunidade alternativa que tem o objetivo de promover uma vida mais espiritualizada e mais próxima à natureza. Esse processo também pode ser reconhecido nas comunidades alternativas de cunho esotérico que existem na região Centro-Oeste do Brasil.

4.2 Religiões afro-brasileiras e religiosidade contemporânea

A religiosidade brasileira é extremamente rica e complexa, razão pela qual devemos aprofundar os estudos a esse respeito para além do senso comum. As religiões de matriz africana no Brasil são exemplos de como uma leitura baseada em uma cosmovisão predominantemente cristã pode prejudicar uma compreensão adequada sobre essas religiões em nosso território.

4.2.1 Religiões afro-brasileiras

O cristianismo brasileiro foi predominantemente católico por muito tempo na história do país. Apenas no século XIX, com a imigração europeia no Brasil e com o fim da escravidão, é que os protestantes estabeleceram comunidades no país. Antes disso, o que existiu foram tentativas frustradas de ocupação de comunidades holandesas no Nordeste e francesas no Sudeste, todas com objetivos comerciais. Eram protestantes, mas não tinham a intenção de evangelizar as populações. Como ambas as tentativas (a holandesa e a francesa) fracassaram, o sistema institucionalizado no país foi o cristianismo católico. Foi essa a base para o contato com a religião indígena e, mais tarde, com os cultos que vieram com os africanos trazidos como escravos.

Escrever a respeito de religiões como a umbanda e o candomblé não é uma missão muito simples, na medida em que existe todo um preconceito a elas relacionado, grande parte do qual é oriundo de algumas denominações protestantes, de modo especial as pentecostais e as neopentecostais, que se utilizaram de uma estratégia maniqueísta entre bem e mal para separar os trabalhadores de Deus dos trabalhadores das trevas.

Uma verdadeira cruzada contra as religiões afro-brasileiras começou a ocorrer na década de 1980, o que acabou por estigmatizar os participantes desses grupos religiosos.

É importante analisarmos também se nós, em nossa prática como pensadores da religião, também, por vezes, não nos tornamos maniqueístas (se dividimos o mundo e as pessoas em dois grupos distintos: o bem e o mal, ou os de Deus e os do diabo, por exemplo).

História das raízes religiosas africanas

Não é muito fácil determinar a origem distante das religiões de cunho africano, em razão da falta de registros escritos a respeito de sua história. Muito do que sabemos hoje dos povos africanos chegou até nós por via oral, ou seja, por meio dos relatos da geração mais antiga para a subsequente. A análise dessas religiões é algo recente, portanto (Lima, 2004; Medeiros, 2016a, 2016b; Souza, 2008).

Desde o século XX, antropólogos e sociólogos têm utilizado métodos científicos modernos para desvendar as origens desses grupos religiosos que chegaram ao país com a vinda dos escravos africanos para cá.

Esse elemento de transmissão oral dos conhecimentos facilita o sincretismo religioso, na medida em que, de uma geração para a outra, os conhecimentos podem ser alterados (como vimos em tópico anterior). Na África moderna, rituais africanos têm sofrido mutações pelo contato com o islamismo, da mesma forma que, no Brasil, as religiões afro-brasileiras têm sofrido mutações pela aproximação com o cristianismo católico.

O continente africano no século XVI era basicamente formado por governos tribais. Por essa razão, não existiam países ou nações no sentido moderno do termo. O que havia, na verdade, eram grandes comunidades ligadas por laços sanguíneos de parentesco. Nesse sentido, havia amizade e aliança entre determinadas tribos e animosidade e guerra entre outros grupos (Lima, 2004; Medeiros, 2016a, 2016b; Souza, 2008).

Nesse ponto, os africanos modernos (do século XVI) assemelham-se ao modo do sistema indígena brasileiro, no qual a tribo envolve as famílias, e não apenas os membros vivos, uma vez que os mortos também continuam a fazer parte do cotidiano, como um espírito que vive à parte, pairando sobre a sociedade para lembrá-los de seguir os preceitos antigos. Os vivos, nesse caso, têm a obrigação de preservar a organização da tribo, o que é obtido por meio da observância das regras impostas pelos antepassados, entre as quais se incluem os sacrifícios aos mortos e aos espíritos familiares. Caso uma família acabe, a conexão que existe com os mortos ancestrais é cortada e eles deixam de pairar sobre a terra. Nesse sentido, é importante manter a tradição mesmo que a situação mude drasticamente, como no caso dos escravos deportados da África para o Brasil (Lima, 2004; Medeiros, 2016a, 2016b; Souza, 2008).

O líder da tribo é o chefe ou o rei. Este, além do poder de chefe político, detém o poder religioso para interceder entre os espíritos e oferecer os sacrifícios. É ele quem faz o papel do pajé, no caso indígena brasileiro. Isso é possível porque a fronteira entre a vida moral, política e religiosa é bastante difusa, sendo o rei o porta-voz entre os vivos e os mortos (Domingos, 2015).

Cada tribo tem um sistema próprio de crenças, mas, de maneira geral, todas elas creem em um Deus supremo, embora cada uma apresente um nome próprio e pessoal para ele. Algumas lendas africanas contam que existia uma forte ligação entre esse Deus supremo e o ser humano, a qual, no entanto, um dia foi rompida. Os homens só recorrem ao Deus supremo em ocasiões especiais. No dia a dia, eles preferem acessar os espíritos e deuses menores, que normalmente estão associados aos fenômenos da natureza, como chuvas, raios e florestas (Lima, 2004; Medeiros, 2016a, 2016b; Souza, 2008).

Nas comunidades africanas do século XVI, em especial na África Central, a palavra *nganda*, de origem banta, significava "médico tradicional", aquele que cuidava da cura física e espiritual da tribo. Esses médicos auxiliavam no tratamento homeopático das doenças, além de acompanhar o tratamento físico com amuletos e rituais mágicos, na medida em que, para eles, as doenças podiam ser originadas pela chamada *magia negra*, que nada mais é do que a utilização dos os espíritos ancestrais para prejudicar ou atacar algum desafeto. Os *nganda* utilizam outros espíritos para anular o poderio mágico desses seres sobre os humanos.

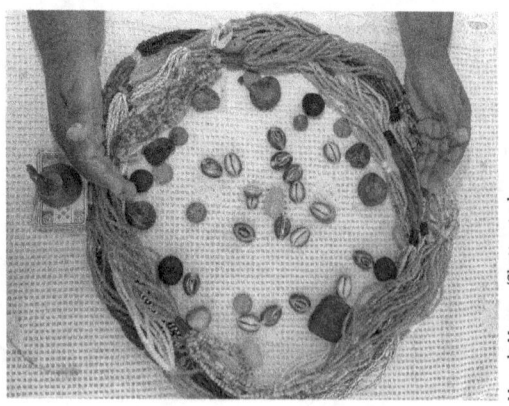

Figura 4.3 – Jogo de búzios

Marcelo Moryan/Shutterstock

Além dos *nganda*, existem os adivinhos, aqueles que têm a habilidade de decifrar sinais enviados pelo mundo dos espíritos de diversas maneiras; por exemplo, com uma bacia com pequenos ossos ou conchas que, de acordo com a maneira como caem, oferecem uma leitura que serve como conselho para aquele que recebe a consulta espiritual. Mostramos na Figura 4.4 um exemplo de jogo de búzios que pode ser encontrado atualmente no Brasil.

As religiões africanas no Brasil

Como mencionamos anteriormente, os cultos de origem africana chegaram ao Brasil no século XVI com a vinda dos primeiros escravos, trazidos pelos portugueses.

É comum que se considerem todos os africanos como iguais, mas é preciso lembrar que os escravos que chegaram ao Brasil eram prisioneiros de guerra na África, nas grandes lutas tribais que ocorriam no território africano (Lima, 2004; Medeiros, 2016a, 2016b; Souza, 2008). Os degradantes navios negreiros, verdadeiros porões da morte nos quais os escravos eram transportados pelos portugueses, traziam membros de diversas tribos, cada uma das quais tinha as próprias crenças e simpatias. Por essa razão, é errôneo pensar que todos os escravos tinham as mesmas crenças ou eram todos das mesmas regiões da África. Alguns estudiosos dizem que a maioria dos africanos trazidos para cá era de origem banta e sudanesa (Lima, 2004; Medeiros, 2016a, 2016b; Souza, 2008).

Figura 4.4 – Pintura que retrata o dia a dia em um navio negreiro

O que antes os afastava, ou seja, as origens divergentes na África, agora os unia no Brasil, pois todos ali eram africanos em terra estranha. Os elementos religiosos não compatíveis eram, então, esquecidos para que se aproveitasse o ponto de união entre as diversas tribos africanas. O problema, nesse sentido, era a rigidez dos senhores de engenho, que os obrigavam a se batizarem na Igreja Católica e seguirem os santos do catolicismo. Não restando muita opção aos negros, para se adequarem ao contexto, transferiram seus orixás (ou deuses) para as imagens dos santos católicos, transformando seu culto num culto sincrético com o catolicismo brasileiro.

Nesse sentido, todas as 16 divindades do candomblé e da umbanda estão associadas a santos católicos. Entre as associações existentes – apenas para pontuar como exemplo – destacamos as seguintes:

- Iemanjá, que utiliza a imagem de Nossa Senhora da Conceição;
- Iansã, que utiliza a imagem de Santa Bárbara;
- Xangô, que utiliza a imagem de São Jerônimo;

- Ogum, que utiliza a imagem de São Jorge;
- Oxalá, que utiliza a imagem de Jesus (Lima, 2004; Medeiros, 2016a, 2016b; Souza, 2008).

As religiões de matriz africana mais comuns no Brasil: características

No Brasil contemporâneo, embora continuem existindo várias vertentes de cultos afro-brasileiros, como a quimbanda e o culto vodu, as linhas que têm mais adeptos no Brasil são as que já mencionamos: o candomblé e a umbanda.

É importante salientar aqui que candomblé e umbanda não são iguais. Tratá-las como iguais é um erro muito corriqueiramente cometido pela comunidade leiga de maneira geral. Ambas apresentam elementos em comum, mas carregam algumas diferenças importantes em relação ao culto.

Candomblé

O candomblé é o culto aos ancestrais de origem familiar, e a origem da religião está voltada à alma da natureza. O desenvolvimento do candomblé ocorreu principalmente após a abolição da escravatura, quando o controle sobre os negros foi gradualmente diminuindo. Embora possa não parecer, a teologia do candomblé é monoteísta, ou seja, seus adeptos acreditam em apenas um Deus supremo que muda de nome de acordo com a região da África da qual os escravizados tenham vindo.

No Brasil, as tribos africanas ficaram conhecidas como *nações*. Desse modo, para a nação Ketu, por exemplo, o nome do deus supremo é Olorum; já a nação Bantu lhe dá o nome de Zambi; a nação Jeje atribui à divindade o nome de Mawi. Porém, todas essas nações, ao chegarem no Brasil, transferiram as atribuições dessa entidade ao Deus católico.

As homenagens oferecidas aos orixás são o reconhecimento do povo pelas qualidades que aqueles têm. Nesse contexto, os africanos escravizados encontraram um catolicismo popular no interior do Brasil, onde a presença do clero não era muito eficaz, uma vez que não havia sacerdotes suficientes para atender às regiões mais internas do país. Por isso, o cuidado com a comunidade não era efetivo, e a veneração estava muito presente. Esse sistema, então, pôde ser muito bem ajustado à cosmovisão do candomblé.

Quanto aos rituais, o candomblé não enfatiza a prática das "incorporações" dos orixás, que podem ocorrer de maneira ocasional, não sendo a prioridade do culto – essas entidades são forças da natureza que não passaram pela vida, ou seja, não passaram pela existência humana, por isso recebem culto para que exista uma troca e se realize a permuta entre esta dimensão física e a espiritual.

De maneira resumida, o candomblé tem origem milenar e culto ao redor do Deus supremo e dos orixás, que são elementos da natureza e, portanto, não são espíritos de pessoas que morreram, uma vez que eles sempre existiram.

Umbanda

A umbanda, ao contrário do que se imagina, não surgiu na África. Trata-se de uma religião recente de origem genuinamente brasileira. Nasceu no início do século XX, mediante o amálgama religioso que uniu os elementos católicos, os do candomblé e, de maneira especial, os do espiritismo, que havia chegado ao Brasil trazido pelos europeus no século anterior. Além de tudo isso, ainda podemos citar elementos de cultos esotéricos e ciganos.

O governo de cada centro de umbanda é descentralizado, ou seja, quem conduz e organiza o que acontece no culto é o líder local. O primeiro registro em cartório da abertura de uma tenda de umbanda data de 1908. A figura-chave dentro do universo do culto é a figura do preto-velho ou dos guias, que são os responsáveis por dar aos pais de santo as informações pertinentes de como conduzir a tenda. As figuras do preto-velho e dos guias são, na verdade, espíritos de antigos escravos africanos que chegaram ao Brasil e aqui morreram. São esses espíritos que são incorporados nas sessões de umbanda, razão pela qual a multiplicidade do culto dificulta a padronização do ritual – isso ocorre, portanto, em razão da pluralidade cultural e religiosa que oferece (Lima, 2004; Medeiros, 2016a, 2016b; Souza, 2008).

A umbanda não é iniciática, como o candomblé, ou seja, para se tornar um médium que recebe um guia, o postulante, após algum preparo, caso sejam nele encontradas nele as características espirituais necessárias, poderá fazer parte da "roda".

Diferentemente do candomblé, que é mais fechado, a umbanda, em razão da própria diversidade religiosa que a define, é mais "democrática", se assim podemos dizer, com a presença de brancos nos trabalhos. Podemos afirmar, então, que o acesso à umbanda é mais "democrático" que o do candomblé. Isso, além do elemento religioso, é um foco de resistência em prol da manutenção da cultura afro-brasileira, muito em voga em nossos dias, nos quais temos percebido que a comunidade negra tem buscado retomar seu espaço na sociedade brasileira.

Outras religiões de matriz africana no Brasil: características
Além da umbanda e do candomblé, existem ainda várias outras linhas de culto afro-brasileiros, como a macumba e a quimbanda. Uma breve descrição de ambas pode auxiliar você no entendimento de outras vertentes dos cultos africanos no Brasil.

Macumba

A palavra *macumba* tem origem banta (*makiumba* ou *makumba*) e significa "espíritos da noite". A razão disso é que os rituais devem ser efetuados durante a noite e fora do terreiro, pois essas entidades seriam espíritos menores, que não pertenceriam ao panteão do candomblé. Por esse motivo, essas entidades passaram a ser vistas pelos seus próprios iguais como subprodutos ou como elementos pejorativos.

A Igreja também passou a condenar abertamente os rituais de macumba – uma vez que são efetuados nas ruas, durante a noite, e assim podiam ser vistos por transeuntes. As acusações da Igreja giravam em torno das bebidas e dos cigarros que eram fartamente utilizados nos ritos, além das danças altamente eróticas que aconteciam durante a realização dos rituais, os quais eram interpretados pelos não iniciados como orgias sexuais.

Quimbanda

A quimbanda é a religião em cujos rituais se encontra a macumba. Assemelha-se muito à umbanda, com a diferença marcante de que, em seus ritos, os sacrifícios utilizam elementos como sangue, pólvora, pertences das pessoas a quem se quer prejudicar, o que já não ocorre na umbanda.

A quimbanda seria o que conhecemos como *magia negra*, e a umbanda seria chamada *magia branca*. Na quimbanda, os elementos adorados são os Exus, que são espíritos das trevas, ou muito atrasados em relação à evolução natural dos espíritos, que, quanto mais elevados são, mais "benefícios" podem trazer para a humanidade. Os Exus podem ser invocados para fazer o mal às pessoas (Lima, 2004; Medeiros, 2016a, 2016b; Souza, 2008).

No mesmo contexto de sincretismo que vimos no candomblé em relação aos santos católicos, aqui há a associação dos Exus com as entidades demoníacas do cristianismo. Entre os escravizados brasileiros existiam duas vertentes de pensamento principais: a dos que aceitavam a evangelização católica de bom grado, misturando os elementos religiosos sem maiores problemas, e a dos que não aceitavam a mistura, buscando manter a essência dos rituais africanos. Alguns estudiosos dizem que as entidades que são incorporadas na umbanda são os espíritos da primeira categoria, ao passo que, na quimbanda, são os da segunda.

Poderíamos mencionar ainda o vodu e a *santeria* cubana, por exemplo, mas, como a influência dessas religiões é mais forte no Caribe que no Brasil, o assunto extrapolaria o recorte desta obra.

4.2.2 Outros movimentos religiosos contemporâneos

Analisamos, até este ponto, os três maiores movimentos religiosos no Brasil: os cultos indígenas, os cultos de origem africana e o cristianismo brasileiro.

Agora, cabe examinar um fenômeno que foi um poderoso veículo para a chegada de novos movimentos religiosos ao Brasil: trata-se da grande imigração de europeus e americanos após a abolição da escravatura, no final do século XIX. Com eles chegaram novas ideias, que impuseram marcas em novas religiões em território tupiniquim.

Neste tópico deste último capítulo, abordaremos algumas religiões atuantes no Brasil relacionadas ao espiritismo e ao esoterismo. Vamos iniciar com a análise do primeiro, o espiritismo, cujo maior ícone no Brasil foi e é, sem dúvida, o médium Chico Xavier.

Prosseguiremos com a análise de um fenômeno recente que podemos perceber no Brasil: a formação de comunidades alternativas de cunho esotérico, de maneira especial na Região Centro-Oeste. Na sequência, destacaremos outras vertentes presentes no país, embora com raio de influência menor.

É preciso deixar claro, contudo, que a presença das religiões analisadas nos outros capítulos, como o judaísmo, o islamismo, o budismo e o hinduísmo, é também muito marcante no Brasil, todas as quais atuam de alguma forma em nossa sociedade – no entanto, de certa forma, elas mantiveram sua essência sem que houvesse um sincretismo acentuado que as transformasse dogmaticamente. A base do islamismo no Brasil, por exemplo, ainda é a mesma que a matriz oficial dessa religião, assim como ocorre com o hinduísmo, o budismo e o judaísmo. Nesse sentido, os princípios estudados anteriormente ainda valem para a análise dessas religiões no âmbito brasileiro.

Espiritismo

O espiritismo surgiu oficialmente na França no século XIX por intermédio de Hippolyte Léon Denizard Rivail, que posteriormente se autodenominou Allan Kardec. Mencionamos que foi "oficialmente" porque existem relatos anteriores de acontecimentos mediúnicos nos Estados Unidos, principalmente o curioso caso da família metodista Fox: depois de alugarem uma casa, os membros da família passaram a presenciar estranhos acontecimentos no local, em especial com as duas filhas do casal: Margarida Fox e Catarina Fox.

Figura 4.5 – Allan Kardec

O espiritismo está pautado em dois pilares principais: i) a reencarnação da alma; e ii) a comunicação com os mortos.

A ideia de reencarnação da alma e sua consequente evolução já foi vista quando tratamos do hinduísmo, anteriormente. Naquele caso, em vez de *alma*, o conceito era o de *carma*. No hinduísmo, cada ser humano tem um carma que pode evoluir ou não de acordo com as atitudes nesta vida. No caso do espiritismo, todos os seres humanos têm uma alma que encarna num corpo de tempos em tempos.

Uma vez que a alma está desencarnada, ou seja, sem um corpo, ela pode ser acessada mediante sessões mediúnicas e transmitir recados ou trazer a solução para vários problemas emocionais ou mesmo físicos. A cura é realizada por meio do chamado *passe*, que consiste na imposição das mãos aos que recebem a direção dos espíritos. Podemos considerar o passe uma modalidade leve de exorcismo, cujo objetivo é transmitir boas energias e afastar influências espirituais negativas que podem levar a doenças e desequilíbrios emocionais (Kardec, 2016).

Allan Kardec deixou vários textos que são a base para a doutrina espírita. Os principais são:

- *O livro dos espíritos*, de 1857;
- *O que é o espiritismo*, de 1859;
- *O livro dos médiuns*, 1861;
- *O Evangelho segundo o espiritismo*, de 1864;
- *O céu e o inferno*, de 1865;
- *A gênese*, de 1868;
- *Obras póstumas*.

Luz, câmera, reflexão

Em 2004, celebrou-se o bicentenário do nascimento de Allan Kardec e, como parte das comemorações, foi lançado o filme *Allan Kardec, o Educador*, dirigido por Edson Audi, com a participação de Dora Incontri. O filme é brasileiro e conta com atores conhecidos. Trata-se de obra recomendada, a ser vista com olhar crítico.

Na França, Allan Kardec buscou elaborar um complexo sistema filosófico-religioso adotando elementos científicos oriundos do evolucionismo de Darwin. No Brasil, porém, o elemento que se tornou marcante no espiritismo foi o religioso, de moralização da conduta, ainda que, no início, o elemento mais valorizado tenham sido os serviços terapêuticos de cura que eram oferecidos.

A novidade no discurso kardecista está na associação feita da religião com o cristianismo, em especial com a figura de Jesus. Assim como em outras religiões, os adeptos do espiritismo o veem como um modelo ideal de espírito evoluído, o qual tem muito a nos ensinar a respeito de como melhorar no transcorrer das encarnações. Nesse caso, não se considera Jesus como Deus, uma vez que existe apenas o Deus supremo e a salvação é individual e espontânea, ou seja, depende do empenho pessoal de cada fiel. É proveniente dos Evangelhos também outro ponto alto do espiritismo: a caridade, mediante a qual a alma pode evoluir para um dia transformar-se num espírito sublime, que romperá o ciclo de reencarnações (Moura, 2013; Kardec, 2016).

O maior ícone do espiritismo no Brasil é, sem dúvida, Chico Xavier. Falecido em 2002, aos 92 de idade, com uma história singular e um carisma marcante, atraiu seguidores por todo o país e, com isso, difundiu a doutrina espírita no Brasil.

Figura 4.6 – Chico Xavier

Juan Esteves/Folhapress

No final da carreira, Chico, que era um médium que psicografava informações oriundas dos espíritos, já havia escrito mais de 400 livros. É claro que foi acusado de charlatanismo por muitos, inclusive membros de sua família, porém, como não existiram provas contra ele, Chico Xavier continuou sua jornada até sua morte.

Esoterismo

O esoterismo abarca uma ampla gama de movimentos de cunho místico, que não se identificam em uma religião, mas em complexos grupos de movimentos que têm em comum a crença em forças místicas e cósmicas. Essas forças podem estar contidas em amuletos de tipos específicos de cristais e no alinhamento de planetas e estrelas, podem ser mais intensas em determinadas regiões geográficas, e assim por diante. Perceba que a ênfase não está muito voltada ao contato com o sobrenatural, e sim com a utilização de elementos que concedam energia que possa auxiliar as pessoas no dia a dia.

Figura 4.7 – Os chacras (pontos de energia no ser humano)

Lesia Bilenko/Shutterstock

A influência esotérica tem crescido vertiginosamente nos últimos anos, e uma das razões para esse crescimento é a dessacralização gradativa de nossa sociedade (Carvalho, 2006). À medida que nossa sociedade se torna cada vez mais secular, uma vez que se considera a religião algo ultrapassado na consciência social, o espaço no ser humano que necessita desse contato com aquilo que não conseguimos explicar acaba sendo tomado pelas filosofias esotéricas, entre as quais estão a astrologia e a ufologia, além dos movimentos alternativos, como a teosofia, a gnose, a eubiose, a fé *bahá'í*, entre muitos outros.

Astrologia

A astrologia é uma das mais antigas manifestações esotéricas da história. É de origem persa, sendo proveniente da religião zoroastrista, e tem pelo menos 4 mil anos de existência. Com o tempo, sofreu aprimoramentos após o contato com culturas greco-romanas e teve sua idade de ouro durante os séculos XIV e XVI.

O cerne da astrologia está na crença de que existe uma relação muito estreita entre a posição dos astros (planetas e estrelas) e a vida individual da pessoa. Os que seguem esse movimento observam atentamente o horóscopo, uma vez que as previsões são feitas com base nos signos, que são, na verdade, doze constelações que se encontram na faixa do Zodíaco. Em cada período do ano estipulado a cada signo, segundo os astrólogos, é possível determinar elementos pertinentes à personalidade da pessoa (Machado, 2006).

O ponto alto da astrologia é a confecção do chamado *mapa astral*, mediante o qual os estudiosos recompõem a constelação que havia no exato momento do nascimento do indivíduo. Com base nesse mapa, eles acreditam poder realizar previsões precisas sobre a vida do indivíduo e sobre a forma como ele pode ser bem-sucedido em razão do alinhamento dos astros.

Figura 4.8 – Exemplo ilustrativo de mapa astral

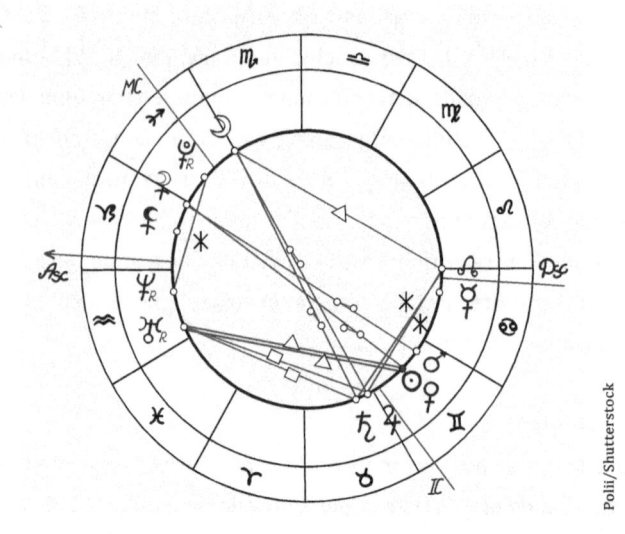

Os adeptos afirmam estar praticando uma ciência antiga, porém não existe comprovação científica dos resultados práticos dos estudos astrológicos.

Ufologia
No âmbito do esoterismo contemporâneo existe a vertente ufológica, já bastante difundida nos Estados Unidos. De acordo com a ufologia, seres de outros planetas nos visitam constantemente. Esses seres seriam muito mais desenvolvidos do que nós e estariam monitorando os seres humanos.

Nos Estados Unidos, a ufologia saiu do campo de pesquisa astronômica para o campo religioso. Já existem igrejas que pregam a vinda dos extraterrestres (ETs) ao planeta Terra. Há até mesmo profetas que viajam o mundo pregando o fim da raça humana a ser provocada por uma guerra atômica. Toda a humanidade só não será destruída graças à benevolência dos ETs, que levariam um grupo de remanescentes para um planeta distante, no qual o ser humano poderá recomeçar sua história de maneira diferente (Almeida, 2015).

Difícil de acreditar? Até o presente momento, não existem indícios concretos de que exista vida fora do planeta Terra. O que não podemos fazer aqui, no entanto, é misturar o campo das pesquisas astronômicas com o campo das crenças ufológicas.

No Brasil, o caso mais intrigante e popular no campo da ufologia é o ocorrido em Minas Gerais com o ET de Varginha (expressão que se consolidou como o "nome do caso").

Nova Era
O movimento da Nova Era nasceu na Califórnia, paralelamente a uma infinidade de movimentos alternativos que eclodiram em todo o mundo, o que dificulta colocá-los como parte de uma mesma nomenclatura. Porém, algumas características deles são comuns entre os grupos da *Nova Era* (termo de que trataremos adiante), entre as quais destacaremos cinco.

A primeira delas está ligada a uma profunda desconfiança e desesperança com as políticas capitalistas contemporâneas e também com a ciência, uma vez que esta é que teria ajudado a criar armas atômicas e doenças de laboratório. Nesse sentido, o materialismo não ajuda o corpo e a mente do ser humano, devendo ser rechaçado.

O segundo ponto convergente diz respeito a uma nova espiritualização, com influências orientais e europeias antigas, como as religiões celtas. Cada vez mais pessoas, sem abandonar a própria religião, começam, por exemplo, a adotar práticas de Feng Shui para harmonização e equilíbrio das energias internas às residências, bem como elementos da meditação e da ioga, além de terapias alternativas, como ingestão de florais e sessões de acupuntura. Todas essas práticas têm origem nas religiões orientais e, progressivamente, ganham espaço na sociedade quando desvinculadas de sua origem religiosa (Hanegraaf, 2005).

Existe um grande interesse atual por anjos de cristais, pêndulos, fadas, gnomos, duendes e outras criaturas mitológicas. Há, para isso, cursos de teosofia e gnose espalhados pelas grandes metrópoles, sem contar a influência da música New Age[5], que ganha a cada dia mais e mais espaço na mídia.

O terceiro elemento aglutinador dos vários grupos de Nova Era tem a ver com o próprio nome do movimento. A expressão tem relação com um novo período cósmico, influenciado por elementos astrológicos: um novo momento histórico começa com a predileção da constelação de Aquário para reger os ventos da história. Segundo os astrólogos, a Nova Era será pautada pelo conhecimento. Com a chegada da Era de Aquário, os estudiosos acreditam que haverá uma mudança de pensamento de toda a humanidade para melhor.

O quarto elemento comum dos movimentos e comunidades citados é o interesse pela parapsicologia. Eles se preocupam em treinar telepatia, telecinesia e viagens astrais (para onde a alma pode ser transportada sem o corpo por alguns momentos).

Por fim, o último elemento aglutinador desses movimentos é a tentativa de, além de mostrar apenas novas doutrinas e novos elementos religiosos, buscar impactar toda a sociedade por intermédio de um novo sistema social. Existem muitas comunidades alternativas em cuja formação há 100% de vegetarianos e de pessoas que não fazem uso de equipamentos eletrônicos nem de produtos manufaturados. Comem o que plantam e utilizam elementos

---

5 Estilo musical, bastante presente no mundo ocidental, que está inserido no grupo de música chamado por alguns estudiosos, como Adriana Capuchinho (2002), de *neoesotérico*.

de conforto confeccionados de maneira natural, como sabonetes e xampus (Hanegraaf, 2005).

4.3 Ecumenismo[6]

Neste último tópico do livro, vamos examinar as raízes das tentativas de unificar o discurso cristão em meio ao universo de vertentes identificadas na atualidade[7] – sejam elas católicas, sejam elas protestantes. A preocupação com a unidade da Igreja sempre foi uma constante ao longo da história cristã, graças ao grande número de heresias que sempre se levantaram à margem do cristianismo primitivo, quando líderes cristãos realizavam as próprias interpretações do contexto doutrinário e constituíam um novo cristianismo, normalmente identificado como "verdadeiro".

---

6   "Ecumenismo: o termo ecumenismo precisa ser recuperado em seu sentido etimológico, como a casa de todos, o mundo habitado, a responsabilidade comum pela administração/cuidado da casa comum (oikonomia-oikoumene). Mais que enfatizar o significado técnico de ecumenismo, que historicamente assumiu um sentido hermético no mundo cristão, há que se enfatizar o seu significado existencial, de convivência, corresponsabilidade, parceria, o que é comum a toda a humanidade. Ecumenismo diz respeito ao próprio mundo como condição para ser/existir e ao modo de ser no mundo. Amplia-se o horizonte semântico do termo: a ecumene abriga todos os seres e todos os credos, alargando a meta da unidade buscada" (Wolff, 2005, p. 28-29).

7   A origem do conceito de *ecumenismo* está na tentativa de diálogo entre os diferentes grupos cristãos: católicos, protestantes e ortodoxos. Apenas mais tarde o nome foi associado à tentativa de diálogo inter-religioso e, mais recentemente, passou a ser utilizado para o diálogo entre as diferentes denominações protestantes. Há, então, três "ecumenismos" vigentes: o cristão, o religioso e o evangélico (Lopes, 2020.).

4.3.1 Origem do ecumenismo

Durante a Idade Média, a humanidade teve um exemplo prático de unidade cristã, aquilo a que os historiadores chamam de *cristandade*, em que toda a Europa estava firmemente enraizada nas doutrinas cristãs aliadas ao poder secular dos reinos cristãos.

Mas qual foi o resultado dessa experiência prática? A necessidade de manutenção do *status quo* a qualquer custo, mesmo que fosse necessário o uso da força militar para manter a Europa cristã.

Dessa forma, muitos grupos considerados hereges por Roma foram dizimados para manter a unidade da Igreja. Entre eles podemos citar os valdenses, na Itália, e os cátaros e albigenses, na França.

Com o advento da Reforma Protestante, e com as sequenciais divisões no seio evangélico, os reformadores viram a necessidade de aproximação entre essas vertentes. Foram, portanto, os reformadores os que iniciaram os diálogos nesse sentido no século XVI. Podemos mencionar, por exemplo, os colóquios de Ratisbona (em 1541), na Alemanha, e de Poissy (em 1561), na França[8]. Houve tentativas de aproximação com os católicos nesse período, porém os instrumentos da Contrarreforma Católica e as contínuas divisões no seio protestante inviabilizaram o projeto por pelo menos três séculos.

O moderno movimento ecumênico tem entre 100 e 150 anos de existência. Foi possível restabelecer os diálogos graças aos grandes movimentos cristãos de reavivamento espiritual que ocorreram nesse período. Com esse reavivamento, a concentração das diferentes denominações cristãs estava voltada para os aspectos básicos

---

8   Esses colóquios foram realizados após a Reforma Protestante com o objetivo de tentar aproximar o discurso cristão de católicos e protestantes. Também apresentavam um caráter político, na medida em que eram intermediados pelo poder secular que tinha interesse em buscar o equilíbrio entre as animosidades que acompanharam a ruptura no cerne cristão.

do cristianismo e, assim, foi possível perceber que os elementos marcantes das diferentes denominações são os dogmas comuns, e não as doutrinas denominacionais.

4.3.2 O ecumenismo contemporâneo

O marco no movimento ecumênico é a criação do Conselho Mundial de Igrejas (CMI), em 1948, na cidade holandesa de Amsterdã. O objetivo desse conselho era nortear os rumos das Igrejas ditas *cristãs* e auxiliar no diálogo intereclesiástico. Na fundação, 147 Igrejas de 44 países aderiram ao movimento. Mais recentemente, meio século depois de sua instauração, o CMI realizou sua nona conferência, na cidade de Porto Alegre, em 2006. Nessa nona edição, foi possível perceber que um dos anseios iniciais do movimento, que era estabelecer o diálogo entre as denominações cristãs, foi ampliado para outros segmentos religiosos, como a Legião da Boa Vontade (LBV), alguns grupos religiosos voltados à comunidade LGBTQ e também religiões de cunho afro-brasileiro (Wolff, 2005; Souza, 2011).

Curiosidade

O trecho a seguir consta nas Atas do aniversário de 50 anos do CMI, em 1998:

"O Conselho Mundial de Igrejas exorta cada igreja a reconhecer os dons, as necessidades e as responsabilidades de cada um dos seus membros. Afirmando a igualdade entre todos os membros do povo de Deus, encoraja a colaboração entre homens e mulheres na Igreja. Pede às igrejas que cuidem das crianças e ouçam a voz dos jovens, que juntos não só representam a Igreja de amanhã, mas são parte essencial da Igreja de hoje. Convencido de que Deus prometeu um lugar para cada um na comunidade, o CMI apela às igrejas a acolherem os marginalizados e os excluídos, sejam quais forem os motivos da sua exclusão – raça, identidade étnica, pobreza, incapacidade ou outras razões" (Ecclesia, 2020).

A Igreja Católica, a princípio, recusou-se a fazer parte do Conselho em 1948, porém, com o tempo, e após o Concílio Vaticano II, começou a dar seus passos em direção a um diálogo rumo a um consenso cristão.

Esse tema é complexo e sempre merece comentário, pois tem gerado muita polêmica, principalmente por parte dos protestantes que não veem com bons olhos o movimento ecumênico, uma vez que acreditam que, ao se vincularem a católicos, por exemplo, em prol de um objetivo específico, perderão a autonomia e a especificidade que um dia os levaram a se desvincular de Roma.

Alguns protestantes interpretam trechos do livro de Apocalipse como denotadores do movimento ecumênico, ao associarem, por exemplo, a imagem do Anticristo a um movimento religioso global, segundo o qual ele dominaria a humanidade no período do fim dos tempos.

Em um sentido mais amplo, o diálogo intrarreligioso entre denominações cristãs é bastante válido quando o objetivo é efetuar uma força-tarefa que tenha a missão de levar esperança para aqueles que não a têm, apresentando a Palavra de Cristo aos desafortunados. Quando esse movimento rompe as barreiras do cristianismo para abranger toda e qualquer religião, pode-se ficar receoso de que a especificidade e a riqueza espiritual e cultural de cada uma sejam deixadas de lado em prol de um bem dito "maior", ou seja, uma religião única, que necessariamente utilizará elementos de todas as demais para que seja aceita e praticada. Isso foge um pouco dos ensinamentos e da própria liberdade de culto que temos no Brasil.

Existem diversos outros movimentos religiosos em operação no Brasil, todos os quais mereceriam tópicos exclusivos. No entanto, o espaço restrito a esta obra não nos permite continuar o estudo de cada um desses casos. A título de reconhecimento e tendo em vista o caso de você se interessar pelo estudo de outros movimentos religiosos, é interessante ao menos citá-los aqui (Medeiros, 2016a):

- **Religiões de cunho oriental**: Igreja Messiânica Mundial (Johrei), moonismo e Seicho-no-Ye.
- **Religiões que se dizem cristãs (porém apresentam elementos que não são encontrados no cristianismo)**: Testemunhas de Jeová e mormonismo (alguns estudiosos incluem os adventistas neste grupo).
- **Religiões de cunho esotérico ou filosófico**: maçonaria, Ordem Rosacruz, teosofia, Círculo Esotérico da Comunhão do Pensamento, Ananda Marga etc.

Chegamos, então, ao final deste livro, o qual, esperamos, tenha ampliado seu conhecimento e contribuído para que sua visão de mundo tenha se aperfeiçoado. Nosso objetivo principal é que você possa utilizar o que aprendeu não apenas academicamente, mas também no cotidiano.

Síntese

Veja a seguir um resumo dos principais conceitos apresentados neste capítulo, todos os quais se constituem em elementos necessários ao entendimento das características das principais religiões do Brasil e sobre o ecumenismo..

- Por meio das doutrinas religiosas, é possível perceber alguns elementos da sociedade na qual as respectivas religiões exercem influência.
- A cultura indígena no Brasil é muito anterior à presença portuguesa em nossas terras.
- A cosmogonia indígena leva em consideração o culto aos espíritos, sejam antepassados da tribo, sejam forças da natureza.
- O elemento-chave na religião indígena é o pajé, cuja principal função é trazer a cura para as doenças, que, segundo a crença geral, são originadas pelos espíritos.
- O pajé é, ainda, o porta-voz entre o mundo dos homens e o mundo dos espíritos.
- Com a expansão do território e da ocupação das terras brasileiras, os indígenas passaram a se integrar à sociedade brasileira também no sentido religioso.
- O maior exemplo de sincretismo – e o mais famoso deles – é o que fez surgir a doutrina do santo-daime, que envolve elementos católicos, indígenas e esotéricos.
- As tradições africanas, na grande maioria das vezes, foram transmitidas oralmente.
- A origem das religiões africanas remonta ao período primitivo da organização da sociedade em tribos.
- A família é a chave para entender o papel dos espíritos ancestrais e seu culto, em especial a participação dos espíritos no cotidiano das pessoas.

- No Brasil, os cultos africanos sofreram mutações, num processo que chamamos de *sincretismo religioso*, depois de se misturarem com o catolicismo e formarem algo genuinamente novo.
- Do candomblé, a religião mais próxima dos cultos africanos, derivaram outras vertentes, como a umbanda, a quimbanda e a macumba.
- A umbanda é uma religião ou vertente genuinamente brasileira, tendo surgido do amálgama entre o candomblé, o catolicismo e o espiritismo.
- A macumba e a quimbanda têm rituais conhecidos como magia negra em razão de poderem também ser utilizados para prejudicar outras pessoas.
- Existem inúmeros movimentos religiosos de cunho esotérico em funcionamento no mundo contemporâneo, entre os quais podemos citar a astrologia, a ufologia e o movimento da Nova Era.
- O espiritismo nasceu na França e chegou ao Brasil no início do século XX.
- O espiritismo recebeu elementos sincréticos do hinduísmo e do cristianismo.
- Allan Kardec organizou um complexo sistema de doutrinas baseado na religião e na ciência.
- O cerne do kardecismo está na possibilidade de reencarnação e na comunicação com os mortos.
- Existem vários elementos que podem explicar o surgimento de movimentos religiosos alternativos nas sociedades contemporâneas. Entre as muitas causas disso está a insatisfação com os sistemas religioso e material da humanidade.
- A ideia de manter a unidade da Igreja cristã sempre foi uma preocupação dos cristãos desde sua gênese.

- Durante a Idade Média, a única experiência prática de um continente cristão reforçado pelo poder do Estado mostrou seu lado negro ao utilizar a força para manter essa unidade espiritual.
- Com a Reforma Protestante e as sucessivas divisões nas denominações, o diálogo ecumênico foi guardado por pelo menos 300 anos ao longo da história.
- O marco do ecumenismo moderno é a fundação do Conselho Mundial de Igrejas (CMI) em 1948, em Amsterdã, momento a partir do qual Igrejas ao redor do mundo buscam exaltar as semelhanças entre si em vez das diferenças.

Indicações culturais

WCC 10th ASSEMBLY. Disponível em: <http://www.wcc-assembly.info/po/sobre-a-assembleia.html>. Acesso em: 15 jun. 2019.

Se você se interessou pelo Conselho Mundial de Igrejas (CMI) e quer saber mais a respeito do décimo e polêmico encontro do órgão, acesse o *site* do congresso, no qual você pode encontrar não apenas todos os vídeos dos palestrantes, como também os documentos que as mesas de discussão formularam. Alguns desses documentos estão em português.

Atividades de autoavaliação

1. O que é sincretismo religioso?
   a) O sincretismo religioso acontece quando a religião predominante suprime as demais religiões em determinada localidade ou região.

b) O sincretismo religioso surge da tentativa de duas ou mais religiões buscarem o diálogo.
c) O sincretismo religioso é a busca de diversas religiões por alcançar a tolerância no discurso e na doutrina.
d) O sincretismo religioso é o estudo e a análise dos escritos sagrados de duas ou mais religiões a fim de encontrar pontos de conexão entre elas.
e) O sincretismo acontece quando do encontro entre duas religiões originais surge uma terceira, que é fruto da mistura das duas anteriores.

2. Qual é o papel da família nos cultos indígenas e nas sociedades tribais de maneira geral?
a) A família é o elemento fundamental dessas sociedades – mesmo após a morte de familiares, estes continuam a fazer parte da sociedade em questão, agora como espíritos que atuam nas decisões da tribo.
b) O papel da família é secundário nessa estrutura social, pois a liderança do xamã ou pajé é rigorosa no controle e na tomada de decisões na vida da tribo.
c) A família é o elemento fundamental dessas sociedades, embora a influência familiar permaneça restrita à vida do indivíduo.
d) A família é importante para a estrutura social, porém o sistema de governo tribal apresenta um peso superior na vida da tribo, cujo sistema é composto por um líder guerreiro escolhido em combate.
e) A família não tem relevância na estrutura da sociedade indígena, pois a estrutura tribal apresenta o conceito de sociedade coletiva, segundo o qual a tribo é mais importante que a família.

3. Qual é a origem da doutrina do santo-daime?
   a) Surgiu por meio de um pajé indígena que formulou um culto sincrético com a mistura de elementos católicos, indígenas e budistas, cujo elemento central é a bebida indígena Ayahuasca.
   b) Surgiu por meio de um neto de escravos que formulou um culto sincrético com a mistura de elementos católicos, indígenas e esotéricos, cujo elemento central é a bebida indígena Ayahuasca.
   c) Surgiu por meio de um neto de indígenas que formulou um culto sincrético com a mistura de elementos católicos, indígenas e esotéricos, cujo elemento central é a bebida indígena Hibisco.
   d) Surgiu por meio de um neto de escravos que formulou um culto sincrônico com a mistura de elementos budistas, indígenas e hinduístas, cujo elemento central é a bebida indígena Hibisco.
   e) Surgiu por meio de um neto de escravos que formulou um culto sincrético com a mistura de elementos hinduístas, africanos e católicos, cujo elemento central é a bebida indígena Ayahuasca.

4. Assinale a alternativa que apresenta corretamente as características do candomblé e da umbanda:
   a) O candomblé surgiu primeiramente entre os índios do nordeste brasileiro, antes da chegada dos portugueses ao país, razão pela qual é uma religião de caráter essencialmente politeísta. A umbanda, depois de se disseminar pelo continente africano, onde se originou, chegou ao Brasil pelas mãos de imigrantes fugidos de guerras.

b) O candomblé e a umbanda costumam intercambiar elementos da cultura religiosa oriental, principalmente no que diz respeito aos princípios morais que são norteadores dos cultos espiritualistas centrais em ambas as doutrinas. Embora nenhuma delas tenha surgido em terras brasileiras, ambas se alimentaram fortemente de elementos indígenas no país.

c) O candomblé, religião que essencialmente se volta à alma da natureza, desenvolveu-se fortemente após a abolição da escravatura no Brasil e tem caráter teológico monoteísta. A umbanda, religião genuinamente brasileira, nasceu no século XX e tem como característica o fato de agregar, em grande parte, elementos do catolicismo, do candomblé e do espiritismo, além de ter caráter bastante democrático.

d) O candomblé, único culto original e genuinamente brasileiro, compartilha normas de conduta religiosa de seitas ancestrais indígenas típicas do litoral do país: seus cultos veneram espíritos de parentes falecidos, os quais, por sua vez, após incorporações, auxiliam os adeptos a seguir uma vida escorreita. A umbanda, religião que chegou ao Brasil com a vinda de imigrantes indianos, utiliza figuras espirituais, como a do preto-velho e os guias, para orientar os adeptos a seguir o caminho de veneração aos mortos.

e) O candomblé e a umbanda, em conjunto, são sectários de religiões africanas anteriores às Grandes Navegações, tendo trazido ao Brasil, após a abolição da escravatura, a possibilidade de criação de cultos nos quais os adeptos podem agregar elementos da transubstanciação cristã e do espiritismo francês, que, por sua vez, mistura elementos da cultura vodu e do ocultismo oriental.

5. Assinale a alternativa que lista corretamente os pilares da doutrina espírita:
   a) A ressurreição da alma e a comunicação entre os mortos.
   b) A transubstanciação da alma e a veneração dos mortos.
   c) A libertação do sofrimento e o testemunho de arrependimento.
   d) A reencarnação da alma e a comunicação com os mortos.
   e) O arrependimento e a oração.

Atividades de aprendizagem

Questões para reflexão

1. Reflita sobre o elemento principal da abordagem apresentada neste capítulo: o conceito de sincretismo religioso. De que forma ele explica como é possível haver novas expressões religiosas que contemplem elementos das diferentes religiões que as originaram?

2. Como você compreende as diferentes sociedades indígenas remanescentes em nosso presente? Para você, é importante preservar a cultura dessas sociedades? Em sua opinião, é possível preservar e, ao mesmo tempo, integrar esses grupos no Brasil?

Atividade aplicada: prática

1. Uma vez que você estudou também neste livro as religiões do Extremo Oriente, a atividade proposta aqui consiste em elaborar uma pesquisa que contemple todas as religiões abordadas, bem como suas características. Aproveite e pesquise a respeito de outros movimentos religiosos que não foram examinados nos limites desta obra e registre suas descobertas na pesquisa.

considerações finais

Concluímos aqui nosso estudo acerca das principais religiões observadas no Oriente e no Ocidente. Analisamos a forma como essas religiões influenciam não apenas a vida dos fiéis, mas também as culturas com as quais entram em contato ao longo da história.

Para alcançarmos esse objetivo, consultamos diferentes autores e especialistas nos assuntos abordados a fim de buscar uma análise pautada em argumentos acadêmicos que embasassem nosso discurso.

Esperamos que tenha sido atingido o objetivo de apresentar a você, leitor, um panorama das religiões comparadas e o modo como estas influenciam o mundo que conhecemos, evidenciando como a importância das religiões está muito além da reunião dos fiéis.

Com a utilização de todo o conhecimento acumulado ao longo destas páginas, você já pode praticar a tolerância com aquele que pensa de maneira diferente em relação à sua cosmovisão religiosa. A sociedade contemporânea necessita de pensadores que reflitam a respeito das religiões de forma equilibrada, entre os quais desejamos que esteja você, após esta jornada de comparação entre religiões.

referências

ALMEIDA, R. A. **"Objetos Intangíveis"**: ufologia, ciência e segredo. 508 f. Tese (Doutorado em Antropologia Social) – Universidade de Brasília, Brasília, 2015. Disponível em: <http://www.dan.unb.br/images/doc/Tese_132.pdf>. Acesso em: 30 jan. 2020.

ANCIENT HISTORY ENCYCLOPEDIA. **Christian & Muslim Playing Chess**. 2018. Ilustração. Disponível em: <https://www.ancient.eu/image/9186/christian-muslim-playing-chess>. Acesso em: 30 jan. 2020.

BÍBLIA. Português. **Bíblia de Jerusalém**. São Paulo: Paulus, 2018.

BÍBLIA. Português. **Nova versão internacional**. São Paulo: Sociedade Bíblica Internacional, 2000.

BLECH, B. **O mais completo guia sobre judaísmo**. São Paulo: Sêfer, 2004.

BRASIL. Constituição (1988). **Diário Oficial da União**, Brasília, DF 5, out. 1988. Disponível em: <http://www.planalto.gov.br/ccivil_03/constituicao/constituicao.htm>. Acesso em: 30 jan. 2020.

CAPUCHINHO, A. C. **O corpo sonoro**: um estudo antropológico dos discursos e do uso de música nas práticas neoesotéricas na cidade de São Paulo. Dissertação (Mestrado em Ciência Social/ Antropologia Social) – Universidade de São Paulo, São Paulo, 2002.

CARVALHO, J. J. de. **Uma visão antropológica do esoterismo e uma visão esotérica da antropologia.** Brasília: UnB, 2006. Disponível em: <http://www.dan.unb.br/images/doc/Serie406empdf.pdf>. Acesso em: 30 jan. 2020.

CHAGAS, T. Justiça Federal define que cultos afro-brasileiros, como a umbanda e candomblé, não são religião. **Jusbrasil**, 2014. Disponível em: <https://dellacellasouzaadvogados.jusbrasil.com.br/noticias/119752168/justica-federal-define-que-cultos-afro-brasileiros-como-a-umbanda-e-candomble-nao-sao-religiao>. Acesso em: 30 jan. 2020.

CHICANGANA-BAYONA, Y. A. Os Tupis e os Tapuias de Eckhout: o declínio da imagem renascentista do índio. **Varia Historia**, Belo Horizonte, v. 24, n. 40, p. 591-612, jul./dez. 2008. Disponível em: <http://www.scielo.br/pdf/vh/v24n40/16.pdf>. Acesso em: 30 jan. 2020.

CIC – CATECISMO DA IGREJA CATÓLICA. Vaticano, 1992. Disponível em: <http://www.vatican.va/archive/cathechism_po/index_new/prima-pagina-cic_po.html>. Acesso em: 30 jan. 2020.

CONFÚCIO. **Os analectos**. Tradução de Caroline Chang. São Paulo: L&M Pocket, 2006.

DAWSON, C. **Criação do Ocidente**: a religião e a civilização medieval. Tradução de Maurício G. Righi. São Paulo: É realizações, 2016.

DOMINGOS, L. T. A complexidade da dimensão religiosa da medicina africana tradicional. **Mneme – Revista de Humanidades**, Caicó, v. 15, n. 34, p. 167-189, jan./jul. 2015. Disponível em: <https://periodicos.ufrn.br/mneme/article/view/7108/5555>. Acesso em: 30 jan. 2020.

DREHER, M. N. **Para entender fundamentalismo**. São Leopoldo: Unisinos, 2002.

ECCLESIA. **O Conselho Mundial de Igrejas**. Diálogo ecumênico. Disponível em: <https://www.ecclesia.com.br/biblioteca/dialogo_ecumenico/CMI.html>. Acesso em: 6 fev. 2020.

ELIADE, M. **O sagrado e o profano**. Tradução de Rogério Fernandes. São Paulo: M. Fontes, 2001.

FLETCHER, R. A. **A cruz e o crescente**: cristianismo e Islã, de Maomé à Reforma. Tradução de Andrea Rocha. Rio de Janeiro: Nova Fronteira, 2004.

FLOR, D. M. **Cultura religiosa**. Curitiba: Iesde, 2007.

GAARDER, J.; HELLERN, V.; NOTAKER, H. **O livro das religiões**. Tradução de Isa Mara Lando. São Paulo: Companhia de Bolso, 2005.

GILBERT, M. **O Holocausto**: história dos judeus da Europa na Segunda Guerra Mundial. Tradução de Samuel Feldberg e Nancy Rozenchan. São Paulo: Hucitec, 2010.

HALL, S.; WOODWARD, K. **Identidade e diferença**: a perspectiva dos estudos culturais. Organização e tradução de Tomaz Tadeu da Silva. 8. ed. Petrópolis: Vozes, 2008.

HANCIAU, N. O universo da feitiçaria, magia e variantes. **Letras de Hoje**, Porto Alegre, v. 44, n. 4, p. 75-85, out./dez. 2009. Disponível em: <http://revistaseletronicas.pucrs.br/ojs/index.php/fale/article/view/6548/4754>. Acesso em: 30 jan. 2020.

HANEGRAAF, W. J. New Age Movement. In: JONES, L. (Org.). **Encyclopedia of religion**. 2. ed. Detroit: Thomson Gale, 2005. p. 6495-6500. v. 10.

HOLANDA, S. B. de. **Raízes do Brasil**. São Paulo: Companhia das Letras, 2005.

INDIA. Ministry of Home Affairs. Office of the Register General & Census Comissioner. Disponível em: <http://cesuindia.gov.in/>. Acesso em: 30 jan. 2020.

JOMIER, J. **Islamismo**: história e doutrina. Tradução de Luiz João Baraúna. 2. ed. Petrópolis: Vozes, 2001.

KARDEC, A. **O livro dos espíritos**. Tradução de Evandro Noleto Bezerra. 2. ed. Brasília: FEB, 2016.

LAO-TSÉ. **Tao Te Ching**: o livro que revela Deus. Tradução de Huberto Rohden. São Paulo. M. Claret, 2003.

LARAIA, R. de B. As religiões indígenas: o caso tupi-guarani. **Revista USP**, São Paulo, n. 67, p. 6-13, set./nov. 2005. Disponível em: <http://www.revistas.usp.br/revusp/article/view/13451/15269>. Acesso em: 30 jan. 2020.

LE GOFF, J. **Mercadores e banqueiros da Idade Média**. Tradução de Antonio de Pádua Danesi. São Paulo: M. Fontes, 1991.

____. **O nascimento do Purgatório**. Tradução de Maria Ferreira. Petrópolis: Vozes, 2017.

LIMA, J. A. de. Fundamentalismo: um debate introdutório sobre as conceituações do fenômeno. **Cronos**, Natal, v. 12, n. 1, p. 90-104, jan./jun. 2011. Disponível em: <https://periodicos.ufrn.br/cronos/article/download/3152/pdf/>. Acesso em: 10 jan. 2020.

LIMA, M. C. de. **Breve história da Igreja no Brasil**. São Paulo: Loyola, 2004.

LOPES, A. N. G. **Ecumenismo**. Disponível em: <https://thirdmill.org/portuguese/60974~9_19_01_10-02-54_AM~Ecumenismo.html>. Acesso em: 11 jan. 2020.

LUCIANO, G. dos S. **O índio brasileiro**: o que você precisa saber sobre os povos indígenas no Brasil de hoje. Brasília: Ministério da Educação/Secretaria de Educação Continuada, Alfabetização e Diversidade; Laced/Museu Nacional, 2006. (Série Vias dos Saberes, n. 1). Disponível em: <http://www.educadores.diaadia.pr.gov.br/arquivos/File/pdf/indio_brasileiro.pdf>. Acesso em: 30 jan. 2020.

MACHADO, C. de A. **A falência dos modelos normativos de filosofia da ciência**: a astrologia como um estudo de caso. 115 f. Dissertação (Mestrado em Filosofia) – Pontifícia Universidade Católica do Rio de Janeiro, Rio de Janeiro, 2006.

MARCHON, B. **As grandes religiões do mundo**. São Paulo: Paulinas, 1990.

McDOWELL, J.; STEWART, D. **Entendendo as religiões seculares**: um manual das religiões de hoje. São Paulo: Candeia, 2006.

McGRATH, A. **Creio**: um estudo sobre as verdades essenciais da fé cristã no Credo Apostólico. Tradução de James Reis. São Paulo: Vida Nova, 2013.

MEDEIROS, E. **Cultura religiosa**. Indaial: Uniasselvi, 2016a.

____. **História da Igreja no Brasil**. Indaial: Uniasselvi, 2016b.

____. **História da Igreja**. São Paulo: SGEC, 2012.

____. **História de Israel**. São Paulo: SGEC, 2011.

____. ____. São Paulo: SGEC, 2017.

____. **Teologia do Antigo Testamento**. Curitiba: São Braz, 2018.

MOURA, M. A. de O. (Org.). **Estudo aprofundado da doutrina espírita**: cristianismo e espiritismo. Brasília: FEB, 2013. Livro 1.

O ALCORÃO. Tradução de Mansour Challita. Rio de Janeiro: Edições BestBolso, 2010.

OTTO, R. **O sagrado**: aspectos irracionais na noção do divino e sua relação com o racional. Tradução de Walter O. Schlupp. São Leopoldo: Sinodal/EST; Petrópolis: Vozes, 2007.

PROFANO. In: **Michaelis**. Disponível em: <https://michaelis.uol.com.br/moderno-portugues/busca/portugues-brasileiro/profano/>. Acesso em: 5 fev. 2020.

RUNCIMAN, S. **A história das Cruzadas**. Tradução de Cristina de Assis Serra. São Paulo: Imago, 2002a. v. 1: A Primeira Cruzada e o Reino de Jerusalém.

____. ____. Tradução de Cristina de Assis Serra. São Paulo: Imago, 2002b. v. 2: O Reino de Jerusalém e o Oriente Franco, 1100-1187.

SCHERER, B. (Org.). **As grandes religiões**: temas centrais comparados. Tradução de Carlos Almeida Pereira. Petrópolis: Vozes, 1995.

____. ____. Tradução de Carlos Almeida Pereira. Petrópolis: Vozes, 2005.

SCHIRRMACHER, C. **Entenda o Islã**: história, crenças, política, charia e visão sobre o cristianismo. São Paulo: Vida Nova, 2017.

SILVA, D. V. da. Sagrado e profano na religião e no carnaval. **Revista Adventista**, Tatuí: Casa Publicadora Brasileira, n. 5, ano 96, p. 38, maio 2000. Disponível em: <https://musicaeadoracao.com.br/20281/sagrado-e-profano-na-religiao-e-no-carnaval/>. Acesso em: 30 jan. 2020.

SILVA, G. S. A busca de uma ética cristã. **WebArtigos**, 2016. Disponível em: <https://www.webartigos.com/artigos/a-busca-de-uma-etica-crista/141909>. Acesso em: 5 fev. 2020.

SKARSAUNE, O. **À sombra do templo**: as influências do judaísmo no cristianismo primitivo. Tradução de Antivan Mendes. São Paulo: Vida, 2004.

SMITH, H. **As religiões do mundo**: nossas grandes tradições de sabedoria. São Paulo: Cultrix, 2001.

SOUZA, J. B. de. **Ecumenismo e diálogo inter-religioso**. 122 f. Dissertação (Mestrado em Ciências da Religião) – Pontifícia Universidade Católica de Goiás, Goiânia, 2011. Disponível em: <http://tede2.pucgoias.edu.br:8080/bitstream/tede/813/1/JOAO%20BOSCO%20DE%20SOUZA.pdf>. Acesso em: 30 jan. 2020.

SOUZA, M. de M. e. **África e Brasil africano**. São Paulo: Ática, 2008.

TERRIN, A. N. **Antropologia e horizontes do sagrado**: culturas e religiões. São Paulo: Paulus, 2004.

THEMA RP. Para atender aos mercados islâmico e judaico, empresas buscam certificações internacionais. **Maxpress**, 13 abr. 2018. Disponível em: <https://www.maxpress.com.br/Conteudo/1,944462,Para_atender_aos_mercados_islamico_e_judaico_empresas_buscam_certificacoes_internacionais,944462,4.htm>. Acesso em: 4 jan. 2019.

TRUNGPA, C. **As 4 nobres verdades do budismo e o caminho da libertação**. Tradução de Oddone Marsiaj. São Paulo: Cultrix, 2013

WEBER, M. **A ética protestante e o "espírito" do capitalismo**. Tradução de José Marcos Mariani de Macedo. São Paulo: Companhia das Letras, 2004.

WILGES, I. **Cultura religiosa**: as religiões no mundo. Petrópolis: Vozes, 2004.

WILLIAMS, P. **O guia completo das Cruzadas**. São Paulo: Madras, 2007.

WOLFF, E. **A unidade da Igreja**: ensaio de eclesiologia ecumênica. São Paulo: Paulus, 2007.

____. Igrejas e ecumenismo: uma relação identitária. **Estudos Teológicos**, v. 45, n. 2, p. 18-30, 2005. Disponível em: <http://periodicos.est.edu.br/index.php/estudos_teologicos/article/view/537/498>. Acesso em: 30 jan. 2020.

bibliografia comentada

DREHER, M. N. **Para entender fundamentalismo**. São Leopoldo: Unisinos, 2002.

Esse livro aborda, de maneira sucinta, a origem e o desenvolvimento do conceito de fundamentalismo, visando ao entendimento desse termo para uma melhor compreensão do uso contemporâneo dele.

ELIADE, M. **O sagrado e o profano**. Tradução de Rogério Fernandes. São Paulo: M. Fontes, 2001.

Essa obra apresenta a fundamentação teórica necessária para a compreensão de como as diferentes religiões entendem as diversas dimensões do espaço religioso e do espaço natural ou profano. É um clássico e uma referência obrigatória para todo estudante de religiões.

GAARDER, J.; HELLERN, V.; NOTAKER, H. **O livro das religiões**.
Tradução de Isa Mara Lando. São Paulo: Companhia de Bolso, 2005.

Esse grande manual traz uma excelente introdução sobre as religiões com maior número de seguidores no mundo. Para isso, apresenta dados importantes a respeito da doutrina e dos aspectos práticos das manifestações religiosas.

MEDEIROS, E. **Cultura religiosa**. Indaial: Uniasselvi, 2016.

Nessa obra, o autor aborda a influência da religião na cultura com a qual esta mantém contato, sendo importante para uma compreensão adequada do papel da religião na sociedade.

WILGES, I. **Cultura religiosa**: as religiões no mundo. Petrópolis: Vozes, 2004.

Essa obra aprofunda a história da hierofania, uma vez que aborda o perfil de várias religiões pelo mundo e analisa verdades, formas de culto e fundamentações filosóficas da religiosidade.

respostas

Capítulo 1

Atividades de autoavaliação

1. a
2. c
3. a
4. e
5. b

Capítulo 2

Atividades de autoavaliação

1. a
2. c
3. e
4. c
5. d

Capítulo 3

Atividades de autoavaliação

1. e
2. a
3. a
4. b
5. c
6. a
7. d

Capítulo 4

Atividades de autoavaliação

1. e
2. a
3. b
4. c
5. d

sobre o autor

Eduardo Luiz de Medeiros é doutor em História (2015) pela Universidade Federal do Paraná (UFPR), especialista em Teologia Bíblica (2011) pela Universidade Mackenzie de São Paulo, graduado em História (2006) pela UFPR e em Teologia (2017) pela Faculdade de Teologia Integrada (Fatin). É professor universitário em diversas instituições do país, como o Centro Universitário Leonardo da Vinci (Uniasselvi), o Centro Universitário Internacional Uninter, a Faculdade São Brás (FSB) e a Faculdade Teológica Betânia, em nível de graduação e pós-graduação. É, ainda, autor de vários manuais acadêmicos para cursos universitários, como *História da Igreja*; *História de Israel*; *História da Igreja no Brasil*; e *Cultura Religiosa*, publicados por diversas instituições brasileiras.

Pastor protestante, é fundador de um projeto que envolve cultura e cristianismo por meio do desenvolvimento de devocionais que utilizam personagens de séries, filmes, desenhos animados e histórias em quadrinhos. Entre as obras produzidas no decorrer do projeto, intitulado *Parábolas Geek* (encontrado em todas as redes sociais), estão: *Devocional pop*; *40 dias com os Vingadores*; e *40 dias com Star Wars*.

Na área de liderança de jovens, escreveu o livro *Estratégias*, um dos quatro volumes que compõem um *box* denominado *Ferramentas para o líder de jovens*.

Os papéis utilizados neste livro, certificados por instituições ambientais competentes, são recicláveis, provenientes de fontes renováveis e, portanto, um meio responsável e natural de informação e conhecimento.

FSC
www.fsc.org
MISTO
Papel produzido
a partir de
fontes responsáveis
FSC® C103535

Impressão: Reproset
Junho/2020